文史哲學集成

町田三郎著
連清吉譯

日本幕末以來之漢學家及其著述

文史哲出版社印行

國立中央圖書館出版品預行編目資料

日本幕末以來之漢學家及其著述 / 町田三郎著;
連清吉譯. -- 初版. -- 臺北市 : 文史哲, 民
81
面 ; 公分. -- (文史哲學集成 ; 248)
ISBN 957-547-098-2 (平裝)

1. 漢學 - 日本

033.1 ○ 81000185

文史哲學集成 248

日本幕末以來之漢學家及其著述

著者：町田三郎
譯者：連清吉
出版者：文史哲出版社
登記證字號：行政院新聞局局版臺業字〇七五五號
發行所：文史哲出版社
印刷者：文史哲出版社
台北市羅斯福路一段七十二巷四號
郵撥〇五一二八八一二彭正雄帳戶
電話：三五一一〇二八

實價新台幣三六〇元

中華民國八十一年三月初版

ISBN 957-547-098-2

序

中國文化，傳播韓日各地，是從什麼時候開始，歷史上沒有精確的記載，根據日本「古事記」記述，漢籍正式傳入日本，大概是在應神天皇（公元二七〇——三七〇）時，由朝鮮半島百濟國的學者王仁帶去的「論語」十卷和「千字文」一卷。自此以後，漢籍就陸續的傳入日本。而日本方面也不斷的派遣留學生及學僧到中國來留學，在傳遞漢籍方面都有直接的貢獻。在留學生最著名的是吉備眞備，他跟隨第八次的遣唐使到中國留學，歷時十九年之久，在天平七年（公元七三五）三月回國之後，又在勝寶四年（公元七五二年）充第十次的遣唐副使，同年回國，所帶的漢籍，根據日本正倉院的案卷及「日本國見在書目」上記載，有「經」及「集」共有四十類，一千五百餘部，一萬七千餘卷的書目，其中只有少數的日本書籍，幾乎全是漢籍。

日本人善於吸收外來的文化，也善於轉化運用外來的文化，自從漢籍傳入日本之後，無論在日本政壇上及文化上都有深遠的影響。歷史上的「大化革新」，促進政治制度的改變，佛學與儒學傳入日本，與本土的神道結合，形成日本的立國精神。江戶時代，朱子學盛起，成爲政治的指導原則。爲德川幕府統治日本的中心策略，以後各派學術並起，爲江戶時代漢學的黃金時代。

明治以後，日本輸入歐美科技之學，漢學雖有衰微之勢，然其研究，仍未中斷。一八三四年，日本利用庚子賠款，分別在東京及京都設立東方文化研究所，並附設東洋文獻中心，爲日本研究漢學之重鎭。

九州方面，雖遠離日本本島，然福岡地方，自古爲通往中國大陸及朝鮮之要道，爲外國文化流入之門戶。漢學之研究，淵源甚早，朱舜水避地東瀛，即在長崎住居講學。著名漢學學者，前後有考證學派之片山兼山，廣瀨淡窗龜井南冥，龜井昭陽父子，西村天囚，安井息軒等，人才輩出，蔚爲盛況。近九州大學教授町田三郎先生，研究漢學有年，教授先秦兩漢思想課程，並旁及日本早期之漢學家著述，屢在國際會議中，發表論文多篇，極受國際漢學者之重視，近應各界之要求，結集出版，并經連清吉君譯爲中文，以廣流傳，亦爲中日文化交流之盛事。今當出版之際，特綴數語，并以爲賀。

民國八十年（一九九一）黃錦鋐于臺灣師範大學

譯者序

日本江戶時代，藤原惺窩提倡朱子學，其弟子林羅山仕德川幕府，掌文敎大權，亦講朱子學於國學，朱子學遂成爲幕府官學。元祿間，山崎闇齋賡繼發揚，宋學鼎盛。享保以降，官學流於空疏，孔孟眞義扭曲，程朱之學不彰。乃有伊藤仁齋、荻生徂徠出，倡古義、古文辭學，主張捨棄宋學，直探聖賢經義。文化、文政以後，考證學派興起，以漢唐注疏爲宗，兼採清代乾嘉考證之學。即以精確之考證，條理之訓詁，究明經傳子史之本義爲主旨。如安井息軒之「管子纂詁」、岡松甕谷之「楚辭考」，即旁徵博引漢唐以下諸家解詁，審愼取捨，而成不朽之作。

日本考證學派旣祖述乾嘉考據學風，固審愼於字句之訓詁，嚴謹於錯簡訛脫之糾繆。然轉益更精，或爲大和之民族性。其於外來文明之吸收如此，學術硏究成果之因襲亦復如此。即東瀛漢學家除精詳考校解詁之外，更專注於考證法則之建立。所謂考證法則，蓋指先從形式入手，即以文章結構之分析，重新整理旣成定本之篇卷分合；再就內容旨趣之探討，說明分合篇章之關聯性。如武內義雄「莊子考」，旨在考正錯簡，以期恢復莊子書之原貌，直探莊子奧義。乃以陸德明莊子釋文爲依據，列舉考校郭象本誤衍錯簡之三法則。又如町田三郎先生解題「呂氏春秋」，以其書之十二紀自成體系，八覽、六論之篇章結構頗與十二紀相似，何以覽、論竟無關聯者。乃從有覽篇畢沅之「事見召類」、「勝書說周公見精諭篇」等注，詳加考察，探究覽、論關係。凡此，蓋皆有以說明日本考證學派之宗尚所在。

町田三郎先生鑽研秦漢思想史，精詳於經傳子史之考校疏解，審愼於諸子之定位，誠能攢繼考證學派之傳承。近幾年來，先生謂幕末以降諸儒之學不彰，憂先賢之英華湮滅，乃淬力於前人述作之評介。余以爲東瀛與中土之淵源深遠，彼邦學者之治漢學，固能考究中原學術消息；國內雖知日本漢學研究有細微處，然不明其宗尚所在。町田先生所撰幕末明治漢學家之生平著述諸論文，誠足以彰顯日本漢學家專精研究之心力所在。乃不揣固陋，翻譯付梓。俾能窺日本近世漢學活動之梗概。

一九九〇年十二月　連清吉序於福岡

日本幕末以來之漢學家及其著述　目次

安井息軒之生涯

一

川田剛「息軒安井先生碑銘」①記載著，安井息軒生於寬政十一（一七九九）年，卒於明治九（一八七六）年。其一生適値幕末以迄明治維新之初的動亂時代。至於其行狀、著述、評價，碑銘亦頗公正妥當地敍述了。今傳世者，尚有安井息軒於明治六（一八七三）年所撰「自述年譜」②，此年譜或爲備忘之用而編，雖有體例未周衍，詳略疏密不一之虞；而可以體察而得其當時之感受，窘迫之生活景況亦能窺知，誠彌足珍貴之資料。

二

文政三（一八二〇）年，息軒二十二歲。入大阪篠崎小竹之門，夙夜匪懈，勤勉力學。五年，以兄清溪猝死故，急遽返鄉。七年，二十六歲，至江戶，遊學古賀侗庵之門，旋以古賀之推薦，入學昌平黌。接受幕府正統學問，修習朱子學。唯息軒之學問的底據，則在九年，二十八歲之時，入松崎慊堂之門，才獲得的。亦即古學派之漢唐注疏之學，嚴謹於典籍原義之字句訓詁，不容有恣意無根之詮釋。翌年，去慊堂之門而返鄉，雖僅一年之鑽研，息軒學問基礎於此奠定。

天保元（一八三〇）年，三十三歲，藩主下令設立振德堂藩校，翌年三月竣工。息軒受命為助教，其父滄洲為總裁，偕往飫肥赴任。同年，又受命巡遊九州，以見聞寫成「觀風抄」。四月，任藩主侍讀，入江戶。五年，返故里，七年再入江戶，八年，再入學昌平黌，有人才貧乏之歎。六月，美軍艦來浦賀，舉世嘩然。同年，息軒奉准移住江戶。九年三月返飫肥，六月攜妻子來江戶，有年譜所載「籠鳥冲天之想」。

天保六年之際，父滄洲死，年六十七歲。加以息軒對藩政措施，如築堤等重大事件，直言不諱，致與主政者頗多衝突。此時，飫肥一帶又發生饑荒旱魃，以致於進退失據，極為困頓。鹽谷宕隱記其事曰：

余在昌平，與仲平交最親，頗熟其為人。（明教堂記）

又曰：

……歸鄉後，歲數次必有書至，大率激憤慷慨，以僻壤乏師友為言。（送安井仲平東游序）

息軒雖感嘆窮壤無可語之人，其故里之人於息軒則頗推崇。宕隱之序載記著：

其藩士之來于東者，僉云仲平少時孤介，短於容人。今則直而平，方而恕，接衆諧和，事長有禮，闔藩敬信。

雖然如此，息軒仍頗感孤寂。宕隱又記曰：

間從其君祇役江戶，所居舍，湫隘樸陋，塵埃滿席。而讀書之燈常炯炯，時從師友，出其新得，輒即驚人。戊戌歲，遂辭官挈家，來就學於江戶。

即指出息軒丁父憂，與藩之權要起衝突；執著於學問的追求，而乏請益切磋之師友，以致百感交集，乃毅然決然地到江戶。至於如何生計，則無清晰的籌劃。抵江戶之後，發現代表江戶的昌平黌竟是人才彫零，學制紊亂的景況。雖現狀如此，仍以江戶爲自我砥礪的唯一所在。蓋以四十之年若無如此體認，則行將枯萎腐朽。以故，雖有生計無由之恐怖，既已超越，雖困頓窘迫，而能安貧以樂道。其臥病詩即此時心境的表現。

日落寒風滿小齋
孤燈寂寞悶難排
百年有待貧兼病
萬事無成感滿懷
鼎裡僅餘丹藥在
几頭稍帶暗塵埋
始知楓葉飄將盡
林影疎疎月上階

天保十二（一八三二）年，四十三歲。至江戶之第三年，息軒開設「三計塾」私塾。塾記開頭即曰：「三計者何，一日之計在朝，一年之計在春，一生之計在少壯之時也。何以名吾塾，慮諸生之晏起與春嬉也。」誠爲驚警之言。塾之名雖不新奇，頗能表現息軒素樸而不矯飾之本色。此塾屢遭災難，多次遷徙。學規則恒久不變的嚴厲，尤禁酒色。陸奧宗光雖年少而天才卓越，以放縱而遭退塾。三計塾以是知名於江戶，與宕隱之晚香堂、金陵之逢源堂並稱。此時期之息軒斷絕返歸飫肥之思，盡力於學術研究之成就。雖遭逢貧窮與喪亡二女之困厄，仍孜矻於學問之窮研。

三

天保末至嘉永（一八四八—一八五三）之十數年間，息軒和幕末共值多事之秋。息軒和藩主共讀論語，講授管子，著「讀書餘適」、「續讀書餘適」。以旅行房總（今千葉縣）而拓展海防知識。在飫肥傳授養蠶造絲、煙草栽培之技術，廣開增產興業之路；又著「靖海問答」、「料夷問答」等海防論之書，提倡國防的重要。此乃天保八年美軍艦扣關以來，緊張氣氛下的主張。又有鑑於幕府外交、內政之諸多失策和破綻，上陳貫澈一貫性政策之議。

此年，息軒和藤田東湖相識，得水戶公之知遇，頗爲得意。唯爲時甚短，隨東湖死於地震，安政大獄，尊皇派之肅清所引發之萬延元（一八六〇）年櫻田門外兵變之復仇行動，水戶公處境窘迫，息軒亦陷入黯淡的困境。

文久二（一八六二）年，六十四歲。正月，妻佐世沒。其時，將軍家持授命拜謁，以病辭退。延至七月始謁見，十二月除命昌平黌教授，二百苞，祿十人。至此，息軒爲首席幕臣，最高學府之教授。

息軒誕生的寬政（一七八九—一八〇〇）年間，是日本學術普及於民間的時期。由於各地設置藩校，故僻野之區亦能培養出優秀之人才。再者，學無南北，更無學派傳承之拘限，故學術風尚有所轉移，固守家學之林家，即有衰微彫落現象。進而言之，所謂學風之改易者，蓋指由着重內聖外王之實踐志向的朱子學派或古學派，轉爲專注於知識學問追求爲宗尚之折衷學派或考證學派。換言之，乃以趣味主義（dilettantism）爲取向，不但從古來學術傳承之縱向發展的立場，轉換成對目前學術發展作全面性的考察；而且研究宗尚亦以唯善是取爲立場，以掌握同時代同性質之優良著述爲重心。此一新的學術風尚，於己身思想尚未圓熟之際，又面對蜂湧而至的朱子學、陽明學，乃至漢唐注疏、清代考據學，誠爲理想的對應方式。因此之故，不論學術傳統流派，唯善是取，且能兼容並蓄的風尚，乃應運而生。

息軒受業於其父滄洲，接受古學派系統之學問。然則與筑前龜井南冥（一七四三—一八一四）、昭陽（一七七三—一八三六）父子之古學派學問內容相差極爲懸殊。以論語注釋而言，南冥之「論語語由」、「論語語由述志」及昭陽之「論語集說」，旨在批駁朱注，全面否定朱子學。息軒則個別對應，考證朱注之是與非。此雖同爲古學派之傳承，以百年之隔，其學術研究之態度有如此之差別。

天保（一八三〇—一八四三）至安政（一八五四—一八五九）年間，中興林家之第八代大學頭林述齋及林檉宇、古賀侗庵、河田廸齋、林復齋、佐藤一齋等著名學者相繼去世後，林家學風式微。息軒「自述年譜」天保七年記曰：「再入昌平黌，人才稀少，學政大亂。」蓋昌平黌不復當年的權威和實力。入學者只是旗本③子弟和部份的藩士；人才則進入有名的私塾。有感於此，幕府不得不謀振興學問和改革學制之策。乃任命松平春嶽統籌其事，拔擢安井息軒、鹽谷宕隱、芳野金陵爲昌平黌教授，同謀興復之策。息軒以所學宗尚與幕府所主之朱子學殊異，經營私塾及老病的理由請辭而不允，終承諾正除。非研究朱子學而任昌平黌教授，安井息軒爲第一人，拔擢之舉固代表幕府突破保守，而根本原因則是安井息軒允爲當時學術的巨擘。

文久二年，其妻佐代沒。佐代雖未目睹其夫就任儒官的場面，然從前年息軒之受推舉的迹象，其亦能略知端倪。息軒的形貌，如宕隱所記，「眇然小丈夫，狀寢陋甚」（送安井仲平東游序），終能學術名聲，誠偉丈夫，表示其少年的選擇並沒有錯誤。

息軒任幕府儒官，自文久二年十二月拜命，至元治元（一八六四）年正月辭任，共一年二個月。二月改除奥州塙（今東北地方）的代官④，八月以老病請辭。以後至明治元（一八六八）年致仕之前，未任事。

四

黑江一郎著「安井息軒」⑤書，卷末附精詳的年譜。其記息軒儒官退任後，專事「管子纂詁」的刊行和補訂工作。其記：

元治元（一八六四）年，六六歲。二月，「管子纂詁」刊行。

慶應二（一八六六）年，六八歲。四月，「管子纂詁考譌」成。十月，託中村敬宇携管子纂詁至中國。

慶應三（一八六七）年，六九歲。春，應寶時序「管子纂詁」。

黑江氏記息軒作「管子纂詁」事不甚清晰。蓋息軒之研究管子，早在二十年前，即弘化（一八四四—一八四七）年間，息軒答覆藩主於管子書之質疑開始，又於三計塾與塾生有所議論，綜輯諸研究成果，乃成「管子纂詁」。

管子一書未必爲管子所作，乃戰國末期至漢初之際，齊地學者編寫而假託管子之名以行世的。全書本有八十六篇，亡佚十篇，現存七十篇，分經言、外言等八類，綜括儒、道、法各家學說及有關經濟之主張。於管子書的研究，雖有部份學者頗留意於「倉廩實則知禮節，衣食足則知榮辱」（牧民篇）之名言，或心術、白心等所謂「管子四篇」之有特色的篇章，大體而言，咸以「管子書」爲雜書，未曾有深入之研究，以故字句訛脫，旨意晦澀者甚多。

息軒通解管子書，或有取捨先人之注釋和考證，泰半爲自己獨特的見解和精詳的考證。息軒之前，豬飼彥博的「管子補正」於寬政十（一七九九）年刊行。此書於文字誤脫之考證頗爲精確，唯書僅二卷，欲以之通解管子全書，有所不能。息軒之書即於此著述，補「補正」之闕，審愼考證，據實訓詁，以之通貫全書，訛脫之處得以彌補，晦澀的文義得以解釋，誠有功於管子書之研究。

黑江氏年譜，慶應三年，「應寶時作管子纂詁序」，清人應序之得，可證息軒之注解，在海外亦有很高的評價。唯此序是否爲應氏所作，近人郭沫若之質疑⑥，頗値得一提。

「管子纂詁」刊行之際，息軒任昌平黌儒官，國内之聲譽極高。慶應二年，息軒託取道中國，轉往英國留學之中村敬宇，於上海滯留期間，請求適當人物爲其書作序。終得當時主掌江蘇治安及關稅事務之應寶時的承諾。應氏於同治六（一八六七，慶應三）年，將書序送回日本。全文二千餘字，首敍其疑問及見解，終則盛稱息軒的成就。其曰：

……今得仲平之註，爲之訓釋其義，糾正其失。令數千年牴牾譌誤之書，一旦昭若發矇，如金砂珠玉之藏于深山大澤中，盡入于賈人之手，以應世之求者。甚哉，仲平之有功于此書也。

應寶時之文於明治三（一八七〇）年，始轉交至息軒之手。以漢學本土學者贈序稱譽，息軒之喜悅自得蓋可想見。此年秋十月，改訂之序曰：

豫人之刻管子纂詁也，竊謂粗能窺其一斑矣。旣而閱之，謬見未除，脫誤又多，嘗一訂其字矣，而未暇正其說，耿耿於心者七年。庚午正月清人應寶時纂詁之序，傳自上海，過蒙稱譽，赧然自愢。……乃排百冗而再考之。正其謬妄，補其不足，一百一十有四；訂誤脫，四十有四。應序所論，取其是而駁其非，又十有八，凡得一百七十有五條。合之考譌，以附纂詁。予考正之力，盡於此矣。

蓋顯示息軒誠實地對應應氏之指正及初版之缺失，且傾全力於考證補訂之作。則郭氏之質疑，乃不在於息軒，而在應氏。應序指出，管子書文字錯雜譌誤者多，王念孫「讀書雜志」雖有校訂，其未考證者尚復不少。應序但舉「侈靡篇」而論，即考訂「以其餘應良天子」等二十四條。故曰：「又王氏所未及訂正者，嘗舉以質同學生尹氏崟惪，再三商榷，似無以易之。」

唯此二十四條與俞樾諸子平議卷三「管子」侈靡篇所考者酷似，甚且無一字相異。茲以應序所舉「以其餘應良天子」相參照。

（應序）良字疑養字之壞其半者也。應之言承也，爾雅釋樂：小者謂之應。釋文李巡注曰：小者聲音相承，故曰應，殆可以爲證。

（俞樾）樾謹按：應良天子，義不可通。應之言承也，爾雅釋樂：小者謂之應。釋文引李巡注曰：小者聲音相承，故曰應。

其餘諸條，蓋與此情形相類。

俞樾爲清末知名的考證學家，若謂應氏盜用俞氏之說，似乎不太可能。再者，應寶時寫管子纂詁序，是在同治六年，俞樾「諸子平議」之行世則在同治九年，是應序先於俞書。盜用之說似不能成立。郭氏亦明瞭此項，乃從俞、應二人的出身入手，查明應序與俞書的關係。

應寶時與俞樾非但是同年進士，且同爲浙江出身。又同治年間刊行之「上海縣志」，是同治五年，應寶時任兵備道時，延請才士，編輯而成的。任總編輯之一者，即爲俞樾。以是知二人的關係極爲密切。俞樾「諸子平議」的原稿當爲應氏及其幕僚所見知。根據如此推測，郭氏即有如下的結論：

應序中尙提及一人，謂「嘗舉以質同學生尹盭㥁（子銘），再三商榷，似無以易之」。余疑尹或爲應序之代筆者。是則剽竊俞說者，如非應寶時本人，則必爲此「同學生」也。（「管子集校」叙錄）

五

山方香峰「近世人傑傳」⑦，以一國一人的方式，記載天明寬政（一七八一——一八〇〇）以後賢士的人國記。其錄西海道日向地方，即以「近代大儒安井息軒」之題，撰述其經歷及思想。其記：

息軒又長於文，法度森嚴，馳騁縱横而不超規矩。然蒼古遒勁，戛戛然與金石共鳴。誠爲三百年間之第一人者。唯平生用力者，以全在於解釋經子，其文鈔四卷，所錄太少。

「三百年間之第一人者」雖推崇已過，而石川鴻齋之「左傳輯釋」序亦曰：

余數國朝之文人，三百年間獨推仲平。

川田剛之墓碑銘也道：

（息軒）爲文，取法唐宋，上溯秦漢，古色蒼然。

所謂「古色蒼然」，乃予井然森嚴之文章，最高的稱譽。

息軒文章素稱清晰朗暢，此一風格讀其文集、注釋文字即可知之。且黃遵憲序息軒「讀書餘適」亦叙述及之。此書爲出遊奥州松島的紀行。蓋息軒四十歲之際，決意移住江戶，其後四年間專注於學問之鑽研。稍後爲增其知見，乃有東遊之舉。塩谷宕隱「送安井仲平東游序」謂「讀書餘適」即東遊六十日紀聞之作。黃遵憲之序即讀此紀行文之後而作的。其曰：

…余未渡東海，既聞安井息軒先生之名，逮來江戶，則先生歿既二年，不及相見。余讀其著作，體大思精，殊有我朝諸老之風，信爲日本第一儒者。物茂卿、賴子成輩，恐不足比數也。先生之書既風行於世，頃其門人松本豐多氏，復舉其讀書餘適見示。蓋先生塩、松紀游之作，而松本氏手錄而存之者也。余受而讀之。紀事必核，擇言必雅，譬如獅子搏兔，雖曰游戲，未嘗不用全力。又譬之畫龍者，煙雲變滅，不得覩其全體，而一鱗一甲，亦望而知其爲龍也。學問之道，固視其根柢何如，能者不能以自揜，不能者亦不能以襲取。信哉。

此光緒七年，即明治十四（一八八一）年所作者。息軒爲當時第一流之文章家，以黃序而知之。黃氏謂詩文紀行爲息軒遊戲之作，亦可知內心既無迫切的衝動，則無非寫不可的必然性。以故，在息軒的著作，最有感受，最有特色的則是「北潛日抄」。以此書有已身之所以存立之基礎崩壞，却不能置身度外之煩悶。

慶應四年，即明治元（一八六八）年是幕臣苦辛的一年，蓋蒙德川家恩顧已成歷史。以故息軒乃徙居於川口在的領家村。再者，西軍東下，德川氏雖表明恭順的意志，而部份堅持幕府統治者仍舉兵抵抗。息軒於江戶之舊居，「東西之門人一時來聚寓居，挾於嫌疑之間而難處」之困擾。乃囑意弟子數人，相偕寄身於領家村農夫高橋善兵衛家。⑧自三月十三日至十一月三十日之九個月間，凡有感受之事，息軒概以漢文日記之，而成「北潛日抄」。茲舉數日記事，以覩其心境及感受。

（四月）十三日晴而風，寒如三冬。善兵云：麥不欲早黃，早黃則少實，故寒爲佳候，今年麥必豐收。午後，兒益⑨與茂助歸，云十一日西師入城，錢穀戎器皆盡取之。旗士四散者，十之三四，其留者，蓋待田安黃門之封也。嗚呼，二百五十年之基業，一朝而雲消烟滅，可勝歎哉。然此事也，識者早見己丑米夷入橫濱之時，盡心箴規，而有司怯惰，欲以狡詐自免，有持正議者，惡之如讐，唯恐其或進用。又有愚而好自用者，毀壞祖法，陷溺洋制，其鬻獄貪贓聚斂無饜者，比比皆是也。是以人心日離，物價沸騰，十餘年間，著著皆誤，以至今日，將誰怨也。噫。

蓋幕府失政而自敗，誠不得怨天尤人。若「靜以待定，德川氏之祀尚可存也。」（四月十二日）反之，「今也不量德，不度力，一旦乘憤憤之怒以作事，其敗必矣。」（同上）此所以息軒主張「舉賢脩政，以待天下之變」（同上），而不宜逞強舉兵的道理所在。

（五月）五日雨。至午而止，濕暑如蒸，晴徵也。政吉往川口驛，見傷者四十許人，輿以往板橋驛。其九人大垣兵也。土人云：聞數日前大戰于奥，疑西師復敗也。天將暝，斜日忽照前田，蒼然而善。有自江戶歸者，塾生傳其語曰：彰義隊將與西師戰，下谷傍近皆荷擔而立。豈因剞蹙太甚而發怒歟，此可慮也。

以彰義隊爲義師蹶起，頗關懷之。翌（六）日既具行裝，擬往江戶以探消息，以年老足疾作罷。乃託欲往江戶之吉次歸報。「又思吉次農夫，必不能得其詳，乃命茂助往探」（六日）。十五日「上野之戰」即記彰義隊與西軍合戰之事也。

十五日雨。辰位砲聲起於南，比往日甚近。三吸烟頃，復發，如此者三。旣而銃砲並發，聲震林木，乃知西師攻上野也。先是東北雖亂，苟鎭撫得方，海內猶可保數年安。今事破矣，恐天下無復有小安之日。天也如何。河野洞、本多茂請往堤探消息，許之。過午位砲聲漸衰，而銃聲益盛。先君之與城也，巨砲硝彈皆付之西師，以故東軍巨砲乏少。今砲衰而銃盛，蓋西師將敗也。

雖知螳螂當車，仍心懸於被圍於上野之東軍的狀況。雖砲聲止槍聲起，缺乏巨砲之東軍或有反擊的優勢，可能一戰功成。結果彰義軍慘敗，戰事迅急結束，輪王寺宮公理親王被流放到遙遠的仙台。

十七日陰。聞東軍潰散之徒，脫刀變衣服以逃。昨日至今日，往往爲羅兵所獲，一訊即斬。

問斬竄亡之東軍兵士，固然悲慘，而社會中更呈現出戰後凋弊的景象，民生物質缺乏，以致物價高漲，生活不便，居家困苦。

（六月）八日晴。是日爲先妣忌日，村居荒陋，無以爲胙，購茄子於川口，僅以爲奠。

十九日陰。是日爲亡兒棟⑩忌日，往駒込龍光寺掃墳。嗚呼，使是兒在，予苦心亦不至今日。

不覺垂泣久之。……是日立秋。

七、八月之日記大抵寫奧羽越列藩同盟之去留傳聞，息軒一喜一憂之情。八月末有未知會津戰役實情之憂。九月二十一日記，本欲往德川家所在駿府，嘗與書舊友，探索居所。而友人復書云：「幕士西遷數千人，府中充溢，容膝之廬，不可得而僦。」遂止。翌（二十二）日，次男謙助之妻阿淑沒，年僅十九。

凡此記述，雖語出平淡以寫窘迫之情，而能感人肺腑，果善爲文，推爲三百年間吾邦之第一人，洵不誣也。

六

明治六（一八七三）年，息軒七十五歲。撰「辨妄」一書。五年三月禁官費學生入私塾，息軒生活陷入困境，加以年來足疾劇痛，不能行走，故有隱居田園之想。新政府成立六年以來，時代改變，世道中衰，西洋文明滔滔橫流。然則西方之基督教文明及其萬民平等之宗教精神，是否符合日本之國體和國情，是否受容於日本傳統文化精神。息軒以爲，東方經典所描繪的理想世界，是階級秩序的井然而非萬有平等。主宰世界的是聖賢經典所謂的才德兼備的士人。換而言之，息軒秉持儒家精神，主張人間世界是以人爲主，而不是神權支配。故本著老儒生的眞執，力挽狂瀾的文化使命感，著「辨妄」一書，傾全力地展開對基督教的批判。⑪

「辨妄」一書，有島津久光序文、辨妄一至五、鬼神論、共和政事論。辨妄之一乃對舊約所述創世紀的亞當，夏娃，諾亞方舟，通天塔及出埃及記等歷史記載的批判。其二是對新約四福音書所載耶穌爲天子、耶穌之愛、其父葬儀等事的批判。其三是對福音書之耶穌釘死十字架、昇天、分屍、贖罪、復活等記載之質疑和批判。其四是佛陀和耶穌之差異，基督教驚人魅力之叙述。其五盛稱中國儒家於萬物生成之說的合理性。鬼神論和共和政事論則間接地批判基督教。凡所指摘，乃息軒之一貫思想，即以科學實證之合理主義批判聖經的記述。茲舉一二例證說明之。

我聞神也者，有靈而無形，耶和華六日能造天地萬物，神莫大焉，乃其形幺麼與人相像，不亦奇乎。（辨妄一）

基督教之人神同形，與中國神明無形之說相異。至於聖經所謂「夏娃爲蛇所誘，食其所禁之果，乃罰婦女以胎孕之苦，重加之以產子之難」（辨妄一）之原罪論的反省，息軒曰：

凡生物，蛇最狡，則如不造之。何爲又造蛇，使之誘夏娃，食其所禁之果也。（同上）

即對人類果眞如此素朴，有著懷疑。繼而對夏娃惹禍殃及後世婦女之說，嚴厲的批判。其曰：

……如夏娃食所禁之果不爲無罪，罰之亦可。以夏娃之罪，並罰後世婦女，使之產子是艱，何其冤也。凡有血氣者，皆有雌雄牝牡，各相配以蕃其類。彼亦犯何罪，使其雌與牝受胎孕之苦也。假令夏娃不食所禁之果，將終身不產邪，則不免復聚塵土造人，何耶和華之不憚煩也。（同上）

夏娃果眞有罪，則自然界的雌雄牝牡，芸芸衆生皆有罪過。蓋基督教之原罪論不免荒謬太甚。

其次對創世紀大淵說之宇宙觀，亦有批判。息軒曰：

……天氣下降，地氣上騰，雨於是乎降。視天蒼蒼，我又不知所謂大淵者在何處也。（同上）

此種論調，持續於「辨妄」通篇。蓋舊約所謂，耶和華破天淵之隙的記載，息軒爲學務實，自然會有所批判。若謂新、舊約皆爲傳播基督教教義的聖經而非事實記載的史書。然而針對耶和華破天淵，淹沒生物的記載，息軒批判之曰：

……甚哉耶和華之暴也，雖世人罪惡貫盈，未必盡爲桀蹠，其中必有差善者焉。今不導之以其道，又不分其罪之輕重大小，出其不意，卒然破大淵之隙，盡淹殺之，并及禽獸。獨愛挪亞，使之預造舟以免其災。用心如此，安在其爲天地主宰哉。（同上）

則以天地生養萬物之宗教情懷譴責基督教之偏狹，不可謂不中肯確當。關於息軒的批判，山路愛山⑫以爲大淵之說爲當時基督教教會的誤謬。其曰：

……人或曰，是爲不解創世紀之爲何物耳。創世紀非教義神學之書，不過猶太人之間保存舊傳說之一而已。向之加硜硜乎理論的批判，是寧爲誤解書物之性質。其有當時之外國宣教師不教者，蓋彼等以聖書，一言一句殆不誤謬，皆神之示授，如創世紀之記事，亦此教義無漏之教者也。⑬

愛山晚息軒十餘年，且有浸染於基督教教義之研究，猶有如是說詞，則息軒竭力於基督教之批判，誠不能不予極高的評價。故愛山推崇「辨妄」曰：

此書實耶穌會最初傳入日本時，首先非難之聲。以日本舊思想批評新信仰之最聰明者也。余於此意義，知此書甚有趣味者也。⑭

蓋以息軒所論中肯適切，頗能指摘基督教荒誕不經之記載，故愛山又曰：

以當時之知識水平而論，此書固爲非凡之傑作。⑮

然則曲高和寡，雖「辨妄」一書爲難能可貴之傑作，而志在歐美文化之取向，信仰基督教文明之青年，却視之爲「無非是無用之觀」的書罷了。

明治九（一八七六）年九月二十三日，息軒沒，享年七十八。墓在駒込。

【附註】

① 川田剛「息軒安井先生碑銘」收載於近世名家碑文集（橫瀨貞輯，經濟雜誌社，明治二十六年發行），四百頁。町田先生原文節錄川田氏碑銘置之於首，譯文爲行文便利，附錄於後，以供參考。

② 慶應大學斯道文庫藏，町田先生原文載記有之，譯文省略。以町田先生於安井息軒之生平事蹟介紹詳實，亦能得「自述年譜」之情，故刪節之。

③ 旗本爲日本江戶時代（一六〇三—一八六七）武士等級之一，家祿一萬石以下，五百石以上，能晉見幕府將軍者。

④ 代官，江戶時代幕府直轄領地之地方官。

⑤ 日向文庫刊行會，昭和五十七（一九八二）年刊行。

⑥ 載見於「管子集校」敍錄（北京科學出版社，一九五六年刊行）。

⑦　實業之日本社，明治四十（一八六七）年刊行。
⑧　息軒弟子中，或爲昌平黌佐幕派之旗本子弟，或爲勤皇派之谷干城。其長女壽滿子嫁勤皇派之北有馬太郎（文久二年，一八六二年獄死），生二男，亦傾勤皇派。
⑨　次男謙助，明治四（一八七一）年自殺，年二十八。
⑩　長男棟藏，文久三（一八六三）年歿，三十二歲。
⑪　岡田武彥有「辨妄」譯注及解題（收於「近世後期儒家集」，岩波書店，一九七二年三月發行）。
⑫　山路愛山「現代日本教會史論」三〇頁～四三頁。（收於「基督教評論」，岩波書店，一九七九年三月發行）。
⑬　山路愛山「現代日本教會史論」頁三四。
⑭　同前書，頁三〇。
⑮　同前書，頁四四。

附錄：川田剛「息軒安井先生碑銘」

文久中大將軍德川公，妙選師儒，其擢自藩國，列昌平黌教官者三人，曰山形鹽谷毅侯、曰田中芳野叔果，而其一則飫肥安井先生。先生齒最長，學最邃，議論文章，最醇且正，然是時四方多故，幕府政衰，先生屢獻言當路，不報。晚任白河代官，亦未行而罷，乃告老致仕，專事著述，學者傳誦其書，安井先生之名，遠聞海外。先生長不滿六尺，須寢而識明，色溫而氣剛，飫肥僻在西南海隅，士習樸陋，不喜文事，先生獨發憤讀書，矻矻匪懈，曰吾治六經，欲開物成務，不幸吾道不行，託之文字，則當求知己於天下後世，若夫區區毀譽，不足以置齒牙。年甫踰冠，東游大阪，見筱崎小竹，小竹與語大驚，賦詩贈之，後至江戶，入昌平黌，執贄松崎慊堂之門，慊堂一世宿儒，於人愼許可，語其徒曰：安井生古人也，吾豈可弟子畜之乎。其考訂石經，多詢之先生云，文政丙戌，飫肥侯東覲，舉爲侍讀，明年創建藩學，遷助敎，命巡覽九州，乃撰觀風抄一卷上之，侯知其可用，引參謀議，爲權要所格，先生不悅，天保乙未，丁父憂，服闋，辭職東行，再入昌平黌，尋寓增上寺僧寮，楗戶苦學，以究聖賢出處進退之旨，考禮樂兵刑古今沿革之故，畜爲道德，發爲言論，恍乎若有得，恢恢乎有餘地，及其聚徒授業，四方俊秀，來集門下，而曩時忌先生者，先後即世，輿誦翕然，侯乃擢爲參政，給祿百石，先生移病請間，仍預聞機務，嘉永癸丑，米利堅求互市，諸侯各修邊備，先生謂羊質蒙虎皮，其不取敗者幾希，因著海防私議一卷，論製艦鑄礮築堡畜穀之方，水戶烈公聞而善之，使其臣藤田彪就詢時務，且手書足食足兵民信之矣八字以贈，他日與左右談兵，輒曰：無乃羊質而虎皮乎！於是先生聲望日隆，幕府辟之，給以祿米二百苞，職俸十五口糧。舊制，林氏世掌學政，說經專用朱註，先生崇尚古學，顧膺此選，異數也，慶應丁卯，詔廢幕府，明年六師東下，府兵往往屯聚拒命，先生慮門弟子或黨之，避地郊外，彥根侯受業先生，請館之別業，餽二十口糧，禮待備至，然先生思舊君不已，欲復籍飫肥，飫肥侯延爲世子師，餽三十口糧，固辭不許，遂受其半，或有薦之於朝者，以老耄辭，某親王召使講經，亦辭不往，曰西方鄙人，不嫻禮節，初先生與鹽谷芳野羽倉木下藤森諸儒，結文社，剛以後進，濫厠其間，至是耆宿凋謝，其巍然存者，獨有先生與芳野子，而先生則衰且病矣，一日病間，招剛入臥內，執手話舊，囑以墓銘，剛唯唯流涕而退，越三日，遂不起。悲夫，先生諱衡，字仲平，號息軒，先世出羽人，有安東貞朝者，爲上野介，徙其采安井村，因更氏焉，七傳至家朝，西徙日向，事飫肥侯之先光臺公，家朝十四世孫曰朝中，朝中生朝長，朝長子諱朝完，字子全，號滄洲，以學行聞，先生其次子也，寬政己未正月朔旦，生於日向清武鄉中野里，明治丙子九月二十三日，終於東京土手三番街僑居，葬駒龍養源寺之塋，享年七十有八，娶川添氏，生二男，曰朝隆，曰謙助，並先歿，以謙助遺孤千菊承後，四女，一適島原人北有馬太郎，餘皆早亡，先生篤信好古，鑽研經史，尤用力漢唐注疏，參以衆說，能發先儒所未發，爲文取法唐宋，上溯秦漢，古色蒼然，旁曉算數，嘗曰，聖門六藝，數居其一，經國行軍，莫不由焉，近世學者，高談性命，曾不解二五爲十，沿流討源，宋儒不得辭其責，門人有問洋敎是非者，爲撰辨妄一卷，然至天文地理工技算數，則參取洋說，可以見其持論之公矣，性淡泊，儉素自奉，特嗜圍碁，其宰白河，命始下，吏胥來賀，粲然華服，各齎酒饌至，先生垢衣敝氈，延與對局，供以疎糲，乃愧赧去，更相告誡，未赴任，而邑俗革奢靡。所著管子纂詁十二卷，左傳輯釋二十一卷，論語集說六卷，息軒文鈔六卷，梓行於世，書說摘要四卷，孟子定本六卷，戰國策補正二卷，讀書餘適二卷，靖海問答一卷，料夷問答一卷，外寇問答一卷，軍政或問一卷，忍艸一卷，睡餘漫筆三卷，其他三禮毛詩諸書注釋，未脫稿者，又若干卷，並藏於家，先是清國江蘇按察使應寶時，讀管子纂詁，左傳輯釋，稱其精核，爲製序文，朝鮮禮曹參議金綺秀來聘，告人曰，吾聞日本有安井先生，恨歸期已迫，不得相見，乃書息軒二字贈之。嗚呼先生爲外人所推服如此，則海內之欽仰可知矣，銘曰：

世尚新奇，我獨愛古，世趨浮華，我獨守素，卓哉先生，不愧儒行，講禮治經，追踪馬鄭，先生在焉，師嚴道尊，先生亡矣，孰興斯文。

明治十一年九月

（後記）町田三郎先生原文發表於東方學第七十二輯（一九八六年七月）。

安井息軒之「管子纂詁」

一

安井息軒生於寬政十一（一七九九）年，卒於明治九（一八七六）年。是德川幕府末期至明治維新，即近代日本動亂期的代表學者。

息軒的學問宗向，蓋承襲其父滄洲以來之古學派傳統。二十歲時，至江戶，入松崎慊堂門下鑽研琢磨。慊堂學宗漢唐注疏學，即一字一句地斟酌，以解釋經典的原義，而不容遊談無根，恣意引申。慊堂的代表作在於開平石經的縮刻。而此石經的校勘，定本頗得力於息軒之助。由於石經的勘刻，息軒之校勘、考證之基礎亦漸漸地穩固。其於慊堂門下雖僅一年，以淬礪研讀，爲其將來學問的發展，建立穩固的基礎。

二

管子書之「倉廩實而知禮節，衣食足而知榮辱」（牧民篇）等名言見載於史記，爲衆人所詳知。

或管子書之「經言」類，在古代廣受研讀。宋張嵲曰：「管子天下奇文也。心術、白心上下、內業諸篇，是其功業所本。」①蓋於管子書特別注目。唯一般而言，宋代以降，概以雜著視之，未深加研究。以致文句訛脫，篇章之原意甚難理解者多。

息軒通解管子全書，部份參考先人之文字考證和注釋，大部份則是自身獨特的見解。以精詳的考據，訓解管子全書，成「管子纂詁」二十四卷，於元治元（一八六四）年二月刊行。

息軒之精研管子，始於成書之二十年前，弘化年間，答藩主之質問。其友人鹽谷宕陰曰：「其於諸子，最好管子」（管子纂詁序）。何以息軒酷好從來不受重視的雜著，其自序曰：

……史遷亦稱，其論卑而易行，善因禍而爲福，轉敗而爲功。驗之其書，其所言即其所行也。方今洋夷猖獗，海內多事，擇其法而施之，必有能因禍而爲福矣。

再者，其與堀士遜書亦曰：

……管子云，衆人之言，別聽則愚，合聽則聖，衡近者，察之情形。蓋信夷吾之不我欺也。②

蓋以幕末之際，西洋文明的衝擊，時下騷擾，管子書之論平易可行，且有對應現實的方策。此誠息軒關懷社會大衆的憂心，而有的深刻的理解。再者，管子書固有經濟致用之說，改革飫肥藩之財政，以殖產興業。而當時之朱子學者，陳義過高，徒託空言，無益於興革之效的批評，亦爲息軒注疏管子的原因之一。

息軒之「管子纂詁」有參考前人注疏者，尤其以先於其六十年，即寬政十（一七八九）年刊行之豬飼敬所（彥博）「管子補正」的見解，多所參採。玆舉宙合篇以證之：

其處大不究，其入小也不塞。豬飼彥博云：究當作窕，細也。衡謂成法既多，大小各從其宜而用之。故不窕不塞。

適善備也僊也是以無乏。尹知童云僊，輕順貌。豬飼彥博云：僊當作僎，具也。衡謂所以適善者，其法備具，是以無所乏闕也。

此言擅美主盛自奮也，以琅湯凌轢人。視遠曰明，哲知也。主、守也。守盛，自守其富盛而不失也。奮，振也、揚也。苓、零通，落也。豬飼彥博云：琅蕩當作佷傷，自賢貌，是也。

郭沫若於「管子集校」之敍錄，予豬飼敬所「管子補正」很高評價。唯豬飼氏之書僅二卷，以之通解管子全書似未可能。如明趙用賢所指出「錯雜而不可讀」③的「侈靡篇」即是。息軒之管子纂詁則注解全書，以審愼的考證，精詳的注釋施於全書，故能補豬飼氏書之不足，正管子書訛脫之誤，誠研究管子書不可或缺的鉅著。

三

元治元（一八六四）年，六六歲。二月，「管子纂詁」刊。

慶應二（一八六六）年，六八歲。四月，成「管子纂詁考譌」。十月，托渡英的中村敬宇携「管子纂詁」至中國。

慶應三（一八六七）年，六九歲。春，應寶時作「管子纂詁」序。

明治三（一八七〇）年，七二歲。一月，獲應序。十月，「管子纂詁」改訂版刊行。

據右列之年譜所載，可知「管子纂詁」成書、改訂之過程。首先，元治元年之「管子纂詁」附載長文之自序，敍述其對管子書的看法，末尾則記受伊豫（今愛媛縣）人，三浦五輔之慫恿而刊刻行世。此書凡例指出，昌平黌有元版，蓋所謂的古本。用之與明趙用賢本比對，頗能正趙本之誤。此爲「管子纂詁」的特徵之一。書由江戶（東京）玉山堂發行。

其次，對於出刊之「管子纂詁」，息軒頗不滿意。關於此事，慶應二年出版之「管子纂詁」，於末尾附「纂詁考譌小引」，敍述之：

> 初三浦五輔之刻管子纂詁也。予適遷塙邑令，地跨奧常之界，土墝民貧，婚家脅嬰，率貸於官。將赴任，欲悉其弊所由以振興之。多方探索，事頗煩碎，以故寫對刻校，專委門生。刻既成，而予亦免官矣。有來質疑者，就而考之，誤脫居半。又有前考未盡者，乃命兒益與諸子精對。其解未盡者，亦隨見補正，作管子纂詁考譌然。

即元治本「管子纂詁」刊行之際，息軒專務於官事，致有魯魚之誤。唯其改刊之時，頗有刪訂糾謬，故於明治三年之改訂版，即附有補說，考正舊注之非。如幼官篇之「量委積之多寡」，舊注曰：「委積，牢米薪芻之總名。少曰委，多曰積。周官有委人積人。」息軒的補說曰：

> 地官司徒屬有委人，無積人。往年注管子，姑取之臆，將以次質諸本書，及刻會轉官執掌，取

原稿以附書賈，諸臆記者，不復暇校正。以故，謬誤多端，追悔莫及。此亦其一也。

又揆度篇之「以雙武之皮」。舊注曰：「尹知章以武爲虎。蓋北魏避諱，改虎爲武。此未訂耳，言諸侯之子將仕者，以雙虎皮爲贄。」補說改爲：

武謂虎，唐高祖之祖名虎，唐人避諱以武字易之。此未訂。前注姑以意書之，既而吏務多端，不暇考正，遂取笑於大方。此亦其一。

蓋「武謂虎」，其所避諱者，是唐代而非北魏。

至於慶應三年，應寶時所寫之序，給息軒「管子纂詁」有極高的評價。唯關乎此序，近人郭沫若④頗有質疑。茲敍述應氏寫序的因緣及郭氏的存疑。

「管子纂詁」刊行之際，息軒任昌平黌儒官，在國內享有盛名。慶應二年，息軒托出發往英國留學的同僚中村敬宇，滯留上海轉往英國的期間，將書贈送給適當的人物，請其人爲此書作序。中村氏不負所託，果得時任淞吳兵備道的應寶時承諾。於同治六年，即慶應三年，應氏將所作序，托幕府特命滯在上海之名倉松窗携回日本。應寶時，「浙江永康人，字敏齋，道光舉人。官至江蘇按察使、署布政使。幼工吟詠，詩律甚細。任蘇松太道，創建書院，專宗宋儒之學，士習一變。有射雕集。」（中國人名大辭典，商務印書館，民國二十九年版）。

應氏序約一千八百餘字，首述自己於管子書的見解，研讀管子書的疑問，兼及息軒注之質疑。末尾則稱讚息軒的成就。其曰：

……今得仲平之註，爲之訓釋其義，糾正其失。令數千年牴牾譌誤之書，一旦昭若發矇，如金砂珠玉之藏于深山大澤中，盡入于賈人之手，以應世之求者。甚哉，仲平之有功于此書也。

此序於明治三年正月由正倉轉交給息軒。息軒自是十分驚喜。其固爲日本代表之學者，雖極有自信，亦頗自負，而無論如何，總希望得到中國學者的贈序和稱揚。此年秋，十月，「管子纂詁」改訂版出，息軒寫序曰：

豫人之刻管子纂詁也，竊謂粗能窺其一斑矣。既而閱之，謬見未除，脫誤又多，嘗一訂其字矣，而未暇正其說，耿耿於心者七年。庚午正月，清人應寶時纂詁之序，傳自上海，過蒙稱譽，赧然自慚。……乃排百冗而再考之。正其謬妄，補其不足，一百一十有四；訂誤脫，四十有四。應序所論，取其是而駁其非，又十有八，凡得一百七十有五條。合之考譌，以附纂詁。予考正之力，盡於此矣。

則可知息軒誠實地對應應序的指正及初版的缺失，而傾全力於考證補訂之作。今考察其所考訂，則可知息軒所謂「予考正之力，盡於此矣」，洵不誣也，時息軒七十二歲。由此以知，郭沫若之質疑，乃不在於息軒，問題出在應寶時。

應氏指出管子書古來即有甚多錯簡和譌誤。王念孫的「讀書雜志」雖有校訂，其未考證者亦復不少。例如僅以「侈靡篇」爲例而論，即有「以其餘應良天子」等二十五條文字脫衍之情事者。且「嘗舉以質同學生尹氏鋆惪，再三商榷，似無以易之。」

唯此二十五條與俞樾諸子平議卷三「管子」侈靡篇所考定者酷似，甚且無一字不同。茲以應氏所舉的第一條，侈靡篇之「以其餘應良天子」，參照俞樾平議之文，以印證之。

（應序）良字疑養字之壞其半者也。應之言承也，爾雅釋樂：小者謂之應。釋文李巡注曰：小者聲音相承，故曰應。殆可以爲證。

（俞樾平議）樾謹按：應良天子，義不可通。應之言承也，爾雅釋樂：小者謂之應。釋文引李巡注曰：小者聲音相承，故曰應。

又應序第六、七條指出：

吾君長來獵，長字疑衍。

君長虎豹之皮，長字疑當訓爲上。

俞樾平議則曰：

吾君長來獵，君長虎豹之皮。樾謹按：上長字衍文，下長字當訓爲上。呂氏春秋貴公篇，用管子而爲五伯長。勿躬篇，雖不知可以爲長，高注並曰：長，上也。

應序所舉其餘各條雖與俞樾平議之考證有小異，要皆如上所述，大抵相同。

俞樾爲清末考證學家之代表者。若謂應氏盜用其說似不可能，且應寶時之序寫在同治六年，俞樾之諸子平議成書刊行於同治九年，是應序先於俞書。故應氏盜襲俞氏之說似不能成立。郭沫若明白此項，乃從俞、應二人的出身入手，探究應序與俞書的關係。

應寶時與俞樾非但同年進士，且同爲浙江出身。又據同治年間刊行的「上海縣志」所載，同治五年，應寶時任兵備道時，曾延請才士編輯「上海縣志」。其任總編輯的，即是俞樾。由此可知二人的關係極爲密切。再進一步推測，俞樾「諸子平議」的原稿或爲應氏及其幕僚所見知。故郭氏根據此一淵源及推測，而下結論說：

應序中尚提及一人，謂「嘗舉以質同學生尹𨰰悳（子銘），再三商榷，似無以易之。」余疑尹或爲應序之代筆者。是則剽竊俞說者，如非應寶時本人，則必爲此「同學生」也。（「管子集校」敍錄）

四

應序剽竊俞氏平議之說的實情，息軒並不知曉。當明治三年，息軒喜獲應氏之贈序，並愼重地思考應序之質疑，頗有海內知己之感。其於「書應寶時管子纂詁序後」⑤記此事曰：

明治庚午正月十八日，此序傳自名倉氏。……序中所論，博證廣引，鑿鑿乎言之，極其精核。余服其學識，以爲海外一知己。乃向名倉氏問應寶時爲何人，而於此文記之。又於「修靡」篇之「政與教孰急」章的注敍述之：

應君序纂詁曰：以素所懷疑未釋者，附書之，以質仲平焉。乃欲修一書以商榷之，而國有大禁，因舉其說於補正以駁難之，所以答盛意也。此書流傳，或至清國，不知應君以爲何如也。

當時日本禁止民間私人與外國人士之書信往返，息軒乃以「管子纂詁」舊注補說之形式，一一解答應寶時之質疑。並且，若改訂之補說再傳至清朝，應寶時見此回答，不知有何意見。

至於侈靡篇應寶時之考證（或謂之俞樾說爲宜）爲何，息軒之回答又如何，玆將二十五條全部揭示於后：

①「以其余應良天子」　補應寶時云，良字疑養字之壞其半者，應之言承也。爾雅釋樂，小者謂之應，釋文李巡注曰：小者聲音相承，故曰應。殆可以爲證矣。

②「動人心之悲」③「鵬然若譪之靜」④「乃及人之體」　補應寶時云，人心之悲，之字疑當讀爲以，古以之多通用；鵬字疑鶩字之誤，譪字疑高字之誤，之字疑山字之誤，靜字疑衍；乃及人之體，乃字疑衍，及字疑岌之訛，岌動貌。揚雄羽獵賦：天動地岌，或從土作圾。莊子天下篇：殆哉圾。管子原文當云：標然若秋雲之遠，動人心以悲，譪然若夏雲之靜，動人心以怨，鶩然若高山岌人之體，蕩蕩若流水，使人思之。衡案遠動人心之悲，乃及人之體，相對爲文，不必讀之爲以，夏雲多帶雨，乍起乍晴，不能久爲陰，故特言靜雲，靜字非衍，若改及爲岌，改譪之爲高山，以顚倒其文，管子殆無完膚，未免牽古文以就己。且岌動貌，謂物自動，所引羽獵賦，天動地岌，亦謂萬騎奔騰，地爲之動搖，古人未嘗爲動物之義，況高山動人之體，天下寧有此事哉，此尤屬謬說。

⑤「故日月之明」……斯民之良也　補應寶時云，故字疑放字誤。衡案，之是也，日月是明，謂

詳考氣節，故字不誤，良亦當是養字之壞……。

⑥「吾君長來獵」⑦「君長虎豹之皮」　補應寶時云，上長字疑衍，下長字疑訓爲上。衡案，往年注管子，欲訓長貴，但兩長字不當異訓，故仍訓常，若以上長爲衍，訓上訓貴，皆是也，言吾君所以來獵者，以其貴重虎豹之皮也，以譬上之所好，下必從之，乃敝之所由而生也。

⑧「百振而食」　補應寶時云，百字疑自字之誤。

⑨「有雜禮我而居之」　補應寶時云，我字疑義之誤。衡案，義我古同音，春秋繁露，仁者人也，義者我也，蟻子亦作蛾子，此作我者，聲之誤也，應說洵是。

⑩「辯以辯辭」　補應寶時云，下辯字疑訓爲變，集韻巧言也，禮王制篇，言僞而辯，謂借明辯，以變亂人之辭。衡案，用其臣者，至堅強以乘六，皆論人君所以駕御其臣，此以下即上文雜禮義而居之者也，若以爲辯者之過，文義不貫，應說未是。

⑪「智以招請」　補應寶時云，請字疑讀爲情。荀子非相篇，明其請；楊倞注曰：請爲情同例，謂恃其智，以招人之情實也。衡謂，應變請爲情，是也，但爲智者自招人之情實，誤與上同，此亦謂人君令智者招致人之情實耳。

⑫「廉以標人」（應寶時云，標字疑讀爲剽，後漢書崔實傳，剽賣田宅，李賢注剽一作標，同例，言其恃廉而傷人也⑥）

⑬「堅強以乘六」　補應寶時云，六字疑下字之誤。衡案，小稱篇曰，殺生貴賤貧富，此六乘也，

小匡篇曰，生之殺之，富之貧之，貴之賤之，此六柄者主之所操也，管子以此六者爲御下之術，屢言不置。上文云，今使衣皮而冠角，食野草，飲野水，孰能用之，亦謂民唯有欲，故可得而駕御，故此以堅強以乘六結之，六即六柄，乘讀爲秉字，形相涉而誤，前注以六爲予奪使綴徒謂久繫虛爵收時，失之。

⑭「位不能使之而流徒」⑮「國亡之郄」 補應寶時云，位不能使之而流徒，疑作一句，位字疑任字之誤，國亡之郄，疑亡國之二字（誤倒⑦）。衡案，此論不能堅強以秉六之君，位字上屬句……，國亡謂國將亡，非誤倒。

⑯「好緣而好駔」 補應寶時云，上好字，疑惡字之誤，緣循也。莊子養生主篇，緣督以爲經，乃其證。駔，說文曰：壯馬也。玉篇曰：駿馬也，有狡捷之義。呂氏春秋：段干木晉國之大駔也，又其證。衡案，以上文尊禮而變俗，上信而賤文例之，此兩好字，恐有一誤，成以上好爲惡誤，衡則謂下好當爲惡，凡通彼我之情，以射利者，非狡捷不能，故稱牙儈爲駔，晉國之大駔，亦謂始非良士耳，因物也，駔通彼我之情，其事相類，而情有邪正，故好緣而惡駔也。

⑰「開國閉辱知」 補應寶時云，開字下疑脫其字，閉疑門字之誤，辱字下脫神次二字，當云，開其國門，辱次神次，辱屈也，禮曲禮篇，君言至，則主人出拜君言之辱，義同。衡案，知字下屬爲句，下文開其國門者，玩之以善言，釋開國奈其咢辱，釋閉辱，文義極穩，改爲辱知神次，屈知二字，恐不成義矣。

⑱「奈其舁」辱　補應寶時云，三字疑衍文。衡案，舁讀爲瑕，連下辱字爲句。

⑲「囂亡乎」　補應寶時云，囂字疑即古文傴字，說文，傴敗也⑧。

⑳「先後功器事之治」　補應寶時云，事字疑衍。衡案，事謂祭時所爲之事。

㉑「故君臣掌」　補應寶時云，掌字疑黨之誤。祭禮有賓主，故有賓黨主黨，天子諸侯之祭亦然，故曰君臣黨。衡案，此論上賢無益，若改掌爲黨，解爲主黨賓黨，未見上賢之意，祭固有賓黨主黨，未聞稱君黨臣黨，且稱賓主，爲君臣黨，近不詞，恐未是。

㉒「死則易云」　補應寶時云，云字疑訓爲親。襄二十九年左氏傳，晉不鄰矣，其誰云之，此亦其證矣。衡案，詩曰，昏姻孔云，毛傳云，旋也，旋即周旋，猶後世言追逐，其義爲親矣。

㉓「動毀之進退」　補應寶時云，之字疑衍。衡案，以之字爲衍，重陔動毀進退，皆指氣而言，文意極順，此說可從。

㉔「有時而星」　補應寶時云：星字宜訓晴，史記天官書：星者金之散氣。衡案。此言所祭隨世而異，古未聞有祭晴者焉。案：水地篇曰：東方曰星，蓋星生也。謂祭五穀之生，與下祭炊相應，似是。

㉕「有時而星熺」　補應寶時云，此星字疑衍，熺蒸也。禮樂記篇，天地訢合，古熺訢通用。衡案，應以星字爲衍，是也，熺同熾，炊也，蓋謂祭竈，食民之天也，或祭生，或祭竈，始終之義也。

前所揭「應寶時云」者，全見載於俞樾「諸子平議」卷三，管子侈靡篇中。唯俞樾的考證另有十條。何以應寶時未採錄此十條，推測其可能，應氏作序時，俞樾未考證此十條。應寶時引證的二十五條中，全就息軒舊注而發者，僅第十九條而已，其餘二十四條皆新提出之質疑。其中第一、八、十二等三條，息軒未加案語。第五條引第一條的考證作證據；全無斷語者，有第八、十二條。其餘，息軒對應於應序之說，而有贊同或反對者，整理於次：

贊：一、六、七、九、十一、二十二、二十三、二十五條。

否：二、三、四、五、十、十三、十四、十五、十六、十七、十八、二十、二十一、二十四條。

第一條之應氏之說於第五條中引爲證據；二、三、四條息軒合而解答之，可作一條視之。如此與「管子纂詁」改訂版息軒序所謂「應序所論，取其是而駁其非，又十有八」頗合致。

息軒於文字考證之判斷的基準何在，其一，古籍用例之所無。如第二十二條，應序（俞說）引左傳之例以爲根據，息軒更引詩毛傳補證之。其二，與歷史事實相合否。如第二十一、二十四條。其三，愼重於改字解經者。如第二、三、四條，任意改易文字，而有「未免牽古文以就己」之議。

大體而言，息軒之考據頗留意於文章全篇之主旨，再從中考訂其字詞的意義。例如第十條應序之反對者，乃考慮下文之對應關係。第十一條應序之考證雖贊同，而文意之理解有異，蓋以全文旨趣掌握而有相異之故也。第二十三條應序之贊同，以其「文意極順」之故；第二十四條之反對者，以其未考慮前後文意關係之故也。由此而知，息軒之基本態度，乃以文章全體之把握爲第一義，非單獨考證字詞的意義，作爲斷定的準據。此或爲息軒之解釋古籍而較爲特出的所在。

幕末，息軒於江戶開設「三計塾」。有塾生谷干城者，敍述息軒學問的取向，曰：

> 凡先生之講經也，主勉得經文，惡以己之議論附會經文。如朱子之經解，已以程、朱一己之見識，疏解經文。其徒往往有信註而輕經之弊。然生徒活用智力，立古人未言之說，大有賞贊處。如其是非，博引廣證，明瞭解示，弟子皆極竸己之智力，又不敢安於古人之糟粕。間有吐古人未發之說者，先生以爲或人之說，有加之經解。周禮、管子之書往往揭書生之說，如當時之諸家，不問古說之是非雷同，又絕無如惡議論師說狹隘。雖先生之講義，處其意不充，反覆質疑，爲啓吾者，大給喜。[9]

服部宇之吉亦簡明地敍述息軒之學術成就：

> 清儒考證精確，雖能看破古人之未發者，又往往不免有詳於文而忽於義之弊。先生執公，不阿所好，能取舍古今之長短，考證最力，論斷最愼。[10]

誠知人之言。

五

郭沫若、聞一多、許維遹合編之「管子集校」上、下卷，爲今日研究管子書必備之書。此書整理輯錄古今有關管子之考證，極爲便利。唯此書於日本之研究，給予豬飼敬所之「管子補正」非常高的評價，隨處註記。而息軒之「管子纂詁」的見解則甚少引用。蓋郭沫若以爲息軒之注解，雖以考證見長而缺乏說服力的緣故，所以未有佳評，以致採錄甚少。不過，郭氏等人之集校，也未必全無引證息軒之說。如：

「能與化起而王用」（侈靡篇）

豬飼彥博云：「用」當作「者」，蓋因下文誤也。

安井衡云：「王」當爲「善」，上下壞殘，特存其中，下文「善用」乃述此句也。

張佩倫云：「王用」當作「主用」。

李哲明云：「王」不改字亦可，王即承上「王者」言。

沫若案：「王用」當爲「善用」，以安井說爲長，「主用」、「王用」均不詞。（「管子集校」頁六一三）

又如：

「故至貞生至信至言往至絞生自有道」（同上）

豬飼彥博云：「至言往至絞」疑當作「至信生至交」。

安井衡云：「言」當爲「信」，「往」當爲「生」，皆字之誤也。絞，交結也，至信則生鄰國至極之約結。

張文虎云：安井衡說是也。……左昭元年傳「叔孫絞而婉」，杜注「絞，切也」。後漢李雲傳注「絞，直也」。「生至自」上脫「至絞」二字，「自」乃「道」之壞，當作「至絞生至道」。

姚永概云：「絞」字不可通，當爲「交」字，「至言往」，則人信，故至交乃生。

李哲明云：此當從安井衡說，「言」爲「信」，「往」爲「生」，作「至貞生至信，至信生至絞」，至、絞二字當重。（「管子集校」頁六一一）

上二例之引證，乃自「管子纂詁」舊注出，至於對應於應序所提出之第十二條「廉以標人」、第十三條「堅強以乘六」，息軒所作的解答，郭氏等人之「管子集校」，只引述息軒說「古本標作摽」而已，其餘諸敍述一概捨棄。其實有關應氏所提之第十二、十三條，息軒的見解極高，尤其是「堅強以乘六」之「乘六」的注解，乃君主御下，「所秉之六柄」的考證，頗有參考的價値。但「管子集校」於上述二條的注疏，乃列舉朱長春、俞樾的考證，而不涉及息軒之說。同樣地，第十六條「好緣而好駔」的考證，息軒之說亦頗有可參採者，而「集校」亦無引述。

非僅「侈靡篇」之考證精詳，息軒於「宙合篇」的注解亦頗審愼。如「方明者察于事，故不官于物，而旁通于道」之考證，息軒曰：

尹知章釋方爲法術，張榜以名位不得不殊方爲句，因改上文人之二字爲令字，讀屬上句，皆非。案（儀禮）覲禮有方明，謂上下四方通明。則此方明亦謂士能通明上下四方之事者，官猶局也，其才局於一物，猶官各治其職也。

於「方明」的訓解頗爲特出，而「管子集校」於此考證訓詁全無述及。

綜上所述，安井息軒之「管子纂詁」約有三項特色：

一、採昌平黌所藏元版古本，可用以校訂明趙用賢本之謬誤。

二、先人研究之成果，尤其是豬飼敬所之說頗有取捨引證，進而以平易的文筆，審愼的態度，注解全篇。

三、以掌握文章通篇旨趣爲主，注解全書，非於字、詞支離之考證下功夫。

因此，以息軒「管子纂詁」爲基礎，並參照郭沫若等人之「管子集校」，以研究管子書，則先秦諸子中，較遲爲人所研究的管子書，或有突破性的發展。

【附註】

① 引管子趙用賢本，「管子文評」之文。

② 見息軒遺稿卷二。

③ 侈靡篇標題之注文。

④ 見郭沫若等編「管子集校」頁七之敍錄。

⑤ 見息軒遺稿卷三。

⑥ 此條應序有之，今本「管子纂詁」未見，息軒蓋以舊註爲說。

⑦ 「誤倒」爲著者（町田三郎）所補者。

⑧此條之指摘，全取尹知章「囂卽梟字，敗也」之注，蓋避重複之煩也。
⑨見谷干城遺稿上「隈山詒謀錄」。
⑩見服部宇之吉「四書解題」（漢文大系「四書」所收）。

（後記）町田三郎先生原文發表於第一屆域外漢籍會議論文集（聯經出版社）

安井息軒之「北潛日抄」

一

幕末之際，日本人頗用漢文撰寫遊記和日記。以日記爲例，松崎慊堂之「慊堂日曆」二十四册（今缺一、二册），爲文政年間起，至其晚年，二十年間日常諸事之記錄。廣瀨旭莊之「日間瑣事備忘」百五十六册，爲三十年間之記錄。此鉅篇「實可謂一大著述，又可爲研究幕末之極佳資料。」（西村天四「九州巡禮」）

與上述二人的日記相比，安井息軒（一七九九—一八七六）的「北潛日抄」，僅慶曆四年，即明治元（一八六八）年三月十三日至十一月三十日之短時間之日記而已。此時，息軒以戰亂之故，寄寓於江戶東北，川口郊外之領家村。此戰事乃薩摩、長州爲主，討幕之西軍，擁立王室而興師東征。德川氏極力表示恭順之意，唯意向未堅決，以故部份旗本武士誓言擁幕抵抗。戰火乃起，江戶瀰漫著擾攘不安的氣氛。息軒之江戶舊居，「東西門人一時來聚寓居，挾嫌疑之間而有難處者」（自述年譜），且幕府「又聞予門人多在西師中。或有爲將率者，竊謂予新辭祿。若事未成，門人儻有訪予者，世或

疑吾通於西師，百喙不能解。嫌疑之間，不可不愼。不若暫潛近郊以全晩節。」（北潛日抄三月十三日）

明治元年，息軒七十歲。二月致仕，後任昌平黌教授，爲幕臣。唯此時，幕府宣言將政權奉還王室。三百年之德川氏幕府政治即將結束。在此狀況下，年邁的息軒一無可爲，但凝視時勢的推移而已。「北潛日抄」即在此心境下，逐日抒發其感受而成者。

二

三月十三日，遷居至領家村。息軒記述當時的情況：

……予攜婦幼，籃輿先發。經四谷至關口，都人避亂者，輿輜旁午於道。過音羽街，雷雨大至，乃上茶肆候晴。欲爲徒從者買傘，而街皆襤褸戶，無一傘可購。家人使奴借於其親。傘至則雨亦晴矣。經大塚，憩於庚甲塚。菜畝麥隴，綿亙左右，而紅桃白李，點綴於其間，春意頓生。過飛鳥山下，闃無人影，櫻亦未開。左有反射爐，廝溝引水於板橋，費功十萬，而未聞造一砲，可慨也夫。王子祠前右折，取道於野新田。水田瀰望，細草被焉，長五六寸，上開白華，皎然如雪，問之，無知者焉。至野新田津，命不許渡，乃還籃輿，買航遡流。日晡始達領家村。善兵空其弟政吉家以貸予。家新構，潔淨可喜，廣亦足容百指矣。時善兵役于板橋，其妻來炊飯茹蔬，淳樸可愛。已暮，男益①至。門人淺野晉、篠崎橘及傔本多茂助亦相次而至。二更就寢。

（三月十三日）

此二年二月，後街失火，延及息軒家，乃借居櫻田（今千駄谷）伊東寓邸。由此至領家村，雖僅三里許，携家帶眷，其中，次男之婦淑患病，道中遭雷雨驚嚇，更爲不堪。加以戶田禁渡，輾轉周折，日暮始達，旣已疲憊無狀矣。幸善兵家寬廣潔淨，則稍安心。

息軒於借家以暫居之善兵，如是描述：

……善幼有志于學。家世業農不能果，常竊感憤。於是大勤於業，增田祿數十石，家道頗殷。而長子吉次孝而力田，乃讓家於吉次，欲來游予塾。世故多端未果。及予來寓，乃大悅。是日始執贄受孝經一卷。年五十三。（三月二十四日）

就息軒所見的弟子中，善兵誠爲篤實好學者。

息軒雖避居村里，仍著述不輟，且其憂國之情，輒流露於字裡行間。以故「北潛日抄」頗能寫出其晚年心境。

（三月）十六日，晴。器物位置粗就整頓。乃參訂新著戰國策補正。餔時，河野至自江戶。云土州兵屯于新宿，士人往來者，譏之不許輒過。（河野）洞將訪角筈弓削生，告以本貫姓名，一人導造于門乃去。府下商賈避亂者，絡繹四散，日甚於一日。馬脚長輓，乘時射利，凡行一里，車顧一圓，馬半之。殆不能致云。是日校訂補正三十五翻。

十七日，晴。辰位，遣傔茂助往江戶，請藥於淺田氏，以阿淑宿病未全治也。巳位，淺野、篠崎二生往江戶。二生羽州上山之人，候其本邸安危也。西師令土人守津，不許士人渡戶田川。以故赴江戶者，迂路經千住以入府中。此輩亦然。晡時砲聲起於西，八九發乃止，未詳何故。是日參訂卒業。

十八日，陰。巳位晴。砲聲復發，比昨差遠，亦六七發乃止，蓋號砲也。日蹉昳，篠崎、淺野二生歸。云西師捕二士於二榎鎭，以爲會津桑名之人，拷掠數日，噤不發一言。又云西人逍遙於市中，三五爲伴，或至於日本橋。聞土州分兵往奥白川，防奥羽諸侯赴江戶者，與會津步兵戰於館林之北，會兵敗走。水戶侯、岡崎侯東西就國，皆以今日上途。其土兵赴奥者，得之傳聞，未知果然否。薄晚茂助亦歸，說西人逍遙於市中，粗與二生所同。是日淨寫補正五葉。夜雨。夢語予曰：晉爲政四十日，漢乃復代之。遽然驚覺，則暴風撲戶，屋搖如船。既則天明矣。

日聞砲聲，西軍兵士於江戶警備巡邏。息軒頗關心奥羽諸藩的動態，連夢中都有王室復權的祈願。其所記「暴風撲戶，屋搖如船」，固爲其心懸家國安危的寫照。

心憂家國之事，身苦於足疾，而春日和煦，田園風物宜人，息軒亦能策杖流連於田洼之間。故所作日記，有關乎民風土俗之載記者。

（二十五日）午後晴。行散於近郊，至彌平新田，憩於無量寺。窺其戶，闃無人影。出寺數十步，有一大莊，方百步餘，溝而繞之，廣丈餘，嚴如侯第，西門牢閉不許人出入。予以爲侯館鎭別邑者。問之土人，乃里正宅也。嗚呼，此輩朘民膏血，以積不義之財。世稍不平，白晝自閉，以防寇賊，此亦何心哉。過新井方村，一農家櫻花重瓣者五六株，雜松間之，藹然成趣。以爲隱君子所居，排門而入，一婦人方修機杼，見予愕然。予曰：欲乞火以吸烟。答以無有。乃去。十二月田村有吉祥寺，門前有四五十步，雜樹夾路。入門堂宇頗修，櫻花盛開。渴甚，就庫裏乞茶。二童子出迎，曰：主僕出矣，無所得茶。蓋田舍僧皆沒字碑，耕耘自給。農事方起，以故所至皆閉戶，一星火亦不可得，雖浮屠亦然。亦村行之一厄也。出門左行二三十步，右折至阪口鎭，商家十餘戶，亦有酒店，時渴不可忍，乃就而飲，村酒枯魚，如享太牢滋味。陶然而醉，再取前路，至吉祥寺前右折，約略千步許，晡後至寓。家人輩設浴，一浴而寢，灑然而善。

翌日，息軒復於田間散步，見櫻花盛開而心曠神怡，乃不聞有砲火之聲，弛緩東西軍對峙緊張之心境。至於與二三知交友人對奕於斗室之間，其愉悅之情亦有斯徽。四月四日之日記記載息軒至寶藏寺訪一運和尙。

……與一運棋二三局。吉田醫及一醫生至，蓋一運招之也。乃代與對局。皆下手，子聲閣閣，如霰撲板屋，猶勝於俗談絮話萬萬。

對手棋藝雖拙劣，亦有趣味。較諸無趣之閒談要稍勝。唯寄寓領家村，並非萬事皆稱心如意。如老年多病，氣力衰微，不能自勝，恐不久於人世，乃更勤勉於述作。

（四月）六日，陰。考訂湯誓一篇。胸微痛，蓋積憂所致。年老氣衰，不能自勝，終罹此患耳。

乃被衾而寢。夢幼孫裸乞於路，不覺悲號，家人喚醒。偶進午飯，空氣滿腹，卻而不食。孫千菊甫三歲，持蕃薯來獻，見之悲泣。恐家人輩疑怪，遽復蒙衾。旣而自謂，吾氣殆竭矣，恐不能久。與其徒死於憂，寧姑爲吾業，雖不能有成，或亦少有所自慰。未位強起，復脩（書說）摘要。終高宗、肜日、般庚三篇。憊甚，昏乃寢。二鼓，家人進酒，熟睡達旦。

孫千菊爲次男謙助所生之子，其母淑病弱。息軒心憂其孫將來恐乏人照料。唯心雖不憫，又無良策。故夢見其孫黯淡之前途。雖則如此，風聞江戶事態日漸緊迫，息軒則冷靜地觀察現狀，思考最可行之對策。

（四月）十三日，晴而風，寒如三冬。……午後兒益與茂助歸，云：十一日西師入城，錢穀戎器皆盡取之。旗士四散者十之三四，其留者蓋待田安黃門之封也。嗚呼二百五十年之基業，一朝而雲消烟滅，可勝歎哉。然此事也，識者早見己丑米夷入橫濱之時，盡心箴規。而有司怯惰，欲以狡詐自免，有持正議者，惡之如讐，唯恐其或進用。又有愚而好自用者，毀壞祖法，陷溺洋制，其鬻獄貪贓聚斂無饜者，比比皆是也。是以人心日離，物價沸騰。十餘年間，著著皆誤，以至於今日，將誰怨也。噫！

息軒以爲幕府失政而敗破，蓋不得有怨尤。其分析當時情勢，申述其對策，曰：

……予謂方今諸侯皆畔，旗兵驕惰不可用。其忠憤者不過四五百人，靜以待定，德川氏之祀尚可存也。（四月十二日）

主張盡其可能避免戰事的發生。否則「不量德，不度力，一旦乘憤憤之怒以作事，其敗必矣。」（同上）亦即唯有順服王室，乃爲德川氏圖存祭祀的唯一之途。但主和的想法不久之後即改變，息軒於閏四月二十八日記述著：

……江戶市民號長（州）人曰五一，薩（摩）人曰六一，備（中）人曰七一，言合五六七之力，始能敵會津兵一人也。

至會津與西軍對決的江戶人憎惡西軍，故有「五六七」之說。息軒或亦有此感受，故引述之。其於五月五日的日記，又記載著：

五日，雨。至午而上。濕暑如蒸，晴徵也。政吉往川口驛，見傷者四十許人，輿往板橋驛，其九人大垣兵也。土人云：聞數日前大戰于奥，疑西師復敗也。天將暝，斜日忽照前田，蒼然而善。有自江戶歸者，塾生傳其語，曰：彰義隊將與西師戰，下谷傍近皆荷擔而立。豈因削蹙太甚而發怒與。此可慮也。

蓋以西軍氣勢凌人，欺壓太甚，以致惹起戰事。故彰義隊之揭竿反抗，固不無道理。再者日前以仙台藩爲中心，奥羽越列藩締結同盟，息軒心頗支持。乃於翌日，不顧足疾，擬往江戶探究傳聞之眞僞。

六日，陰。將往江戶以探消息。行裝既具矣，既而聞吉次往江戶，自謂年老身退，即往江戶，不能解紛消亂。與其軟脚步於泥路，寧待吉次歸報。長歎而止。既而又思，吉次農夫，必不能得其詳。乃命茂助往探。巳牌，晴。

以老病不能親往查探消息，故前後思量，仍猶豫不決。爲排解等待的焦慮，乃述作消遣。翌日之日記載記著：

七日，雨。書說摘要成。嘗著毛詩輯疏，大雅以後未成。欲續成之，而寓廬狹隘，不便於展書。乃考正俚言俗語之失其義者及邦儒誤解漢語者。國字書之，以爲消遣之資。名曰寐覺友，實出於不得已之計耳。

八日、九日，住在淺草三筋町的大野健傳達相當詳細的消息，息軒亦極細緻描寫其情況。

十三日，雨。……淺野晉歸，云東叡王不肯入城，中山前大納言忠能自往促之曰，王若不入城，亦爲反臣，將命者以告。王大怒，命執之。忠能逃還。十日，彰義隊十五人往神田門借大砲，問公輩爲何人，將以備於何處。曰予爲德川氏退糧人。旣是退糧無家，備之亦無定處。遂命役夫輿之。役夫踴躍牽之而去。守兵二百人不敢出聲。方今府下脫籍之士，屯上野者一萬三千人。屯於近寺廟中者，合七千人。屯於三緣山及廣尾者，各二千人。其他赤坂青山山王諸處，皆有屯箚者，而上野爲之本。西師請王入城者，蓋將攻上野也。

江戶進入緊張戒備的狀況，西軍準備攻擊彰義隊所在的上野山。逮及戰事發生，息軒記「上野之戰」的戰況，曰：

十五日，雨。辰位，砲聲起於南，比往日甚近。三吸烟頃，復發。如此者三。旣而銃砲並發，聲震林木，乃知西師攻上野也。先是東北雖亂，苟鎭撫得方，海內猶可保數年安。今事破矣，恐天下無復有小安之日。天也如何。……過午位，砲聲漸衰，而銃聲益盛。先君之與城也，巨砲硝彈皆付之西師，以故東軍巨砲乏少。今砲衰而銃盛，蓋西師將敗也。……

獻江戶城之時，西軍接收悉數大砲彈藥，主力且不能勝，更何況殘餘的彰義隊，早在交戰之初，即無勝算。息軒何嘗不知，只是主觀情感的關懷，一聽到砲聲止，槍聲起，則想像不擁有大砲的東軍彰義隊反擊成功而佔優勢。亦即息軒對戰況的關切，此際總希望東軍能一戰功成。實際上，不久彰義隊即慘敗，戰爭迅速結束。東叡王，即輪王寺宮公理親王被遣送至遙遠的仙台。息軒記東軍慘敗的景況：

十七日，陰。聞東軍潰散之徒，脫刀變衣服以逃。昨日至今日往往爲羅兵所獲，一訊即斬。

三

江戶的治安極度惡劣。強盜白晝出沒，物價騰揚，流言四散。社會不安，日常的生活亦隨困窘不堪。息軒記道：

（六月）八日，晴。是日爲先妣忌日。村居荒陋，無以爲胙。購茄子於川口，僅以爲奠。

（六月）十九日，陰。是日爲亡兒棟②忌日。往駒込龍光寺掃墳。嗚呼，使是兒在，予苦心亦不至今日。不覺垂泣久之。

於息軒極度感傷之際，幸能本舊友木下犀潭之弟子們來訪。相談甚歡，毫無隔閡。尤其是酒酣暢談國家大事，爲許久未嘗有的事。息軒記其傾談之情形：

（六月）三日，陰。涼味如襲，游於寶藏寺。正午，茂助將肥後竹添漸卿、植野常吉、古莊惟正以至。皆舊友犀潭木下氏之徒也。去年，犀潭之歿也，其子弟及門人，狀行以請予銘。其暮十月文成，付澤村修造使致之其子。而修造航海而歸，不與三子逢。因以乞其文爲名，而實質天下安危之形也。予告以二月罹火災，不復存其稿。三子者遂縱談天下之事，皆有非西師所爲之意。予始依違答之，既而知其無他，乃謀泰玄命酒。且酌且語，粗舉成敗所窮。三子者三四月間在京師，遂詳說其狀。其尤可驚者，蠻使之朝位與玉座對，甚者不復以皇統爲意。近又欲請邪蘇教師，使神祇官管之，以弘其法。有殺夷人者一人，殺三人償死。如所殺數，又加之以金。凡欲破例易法，名曰大活眼，無所顧忌。人情憤怨。謀國參謀，月俸七百金，勢燄張甚，不復盡禮於乃君。或謂封建之強，不如郡縣，欲先削諸國之半，以漸改其制。乖戾如此，禍起於蕭牆之中，恐亦不可慮。果如所說，神州化爲羶穢之區，恐亦不久。嗚呼，爲無賴哉，拟此禍首其誰與。日蹉昳，三生辭去。

當時，竹添任熊本藩參謀，奔走於諸國。由其多所非議西師的談話以觀，蓋嫌惡薩、長之跋扈而欲連合諸藩，以謀維新之策。如此看來，世局仍將騷動不安，息軒一則憂心，一則期望太平之日能來臨。六月六日，息軒自省其身，且感歎身處亂世之難，欽羨太平世之可樂。其曰：

……予以謬學誤得虛名。自二月罹災，四轉其居。杖履所向，東西注目，至今未能定其居，寄處陋邑。日與野翁村媼伍，虛名尙然，況眞名乎。人逢亂世，始知身難處，又始知太平無事之爲眞樂國也。

晚年自傷感時之心境表露無遺。後世局稍定，至江戶訪昌平黌同僚，住芳野金陵家。其記江戶情況；曰：

（六月）二十二日，雨。芳野云：儒者凡十員，往日免六員。鹽谷修公亦在免中。予老且患，欲還骨於鄉山。上書請罷，未得命。昌平黌亦交付西師，但主者未到，假囑予及二林氏守之。予以居黌中，勢不得辭，以故荏苒至今。察其貌爽然，若有自失者。遂與之棊。芳野劣於予七道，是日每局皆輸，豈以其憂蹙薰心邪。

息軒曾兩度入學昌平黌。一爲文政七年，二十六歲，由古賀侗庵推薦入學之時。一爲天保七年，三十九歲時。其「自述年譜」載「十一月往江戶，再入昌平黌，人材稀少，學政大亂。出書讀於增上寺僧寮。」蓋未必在籍昌平黌，即能增進學問。逮及文久二年，息軒六十九歲，遽然拜命爲昌平黌敎授，雖以病辭，未允。息軒受庭訓以來，即以古學派漢唐注疏學爲宗尚，與昌平黌所代表幕府正統之朱子學大異其趣。唯是時息軒爲知名之博學鴻儒，加以幕府以培育人材爲急務。故摒除學派門戶之見，重用息軒爲最高學府之敎授。或許，其曾在籍昌平黌，亦爲幕府招聘的理由之一。在職二年，於元治元（一八六四）年除奧州塙之代官，辭昌平黌敎授之職。雖爲降格，然有儒生現實經世濟民之現實抱負在焉。有此因緣，當薩長接收昌平黌，息軒不禁有索然之慨。

息軒爲迴避江戶的騷擾，而隱居於領家村的片隅，以求恬然安樂；唯時時有不速之客突然造訪。

七月二日，備中的書生松田求馬（實則爲長州的小倉健策）執意求見，傳達備中某判事欲延請息軒出爲傳道解惑之教授職。息軒以年邁之故拒絕之。六日追記二日與松田氏之談話的內容：

……生又問予曰：今日儒者多不適世用；西學皆出實際，却似可用。何如。答曰：足利氏而下，世事戎馬，學問之道，舉歸於浮屠。元和建櫜，人始知讀書。然世主不知其爲治國之道。凡讀書者髡其首，授以僧官。元祿間喻其非，始得與士人齒。然猶待之以方外，雖有傑出之才，不與俱天職。得朝夕備顧問，以爲儒者極榮。是以儒者自棄於方之外，口講誠意治國之道，心馳於營生之途。其差有才學者，專務詩文，以釣一世之名。何則，名之所存，利之所存也。然其所謂利者，亦錙計銖量，所得無幾。而其所爲，往往不慊於人心，是以身既死，名亡而臭孝。習俗既成，雖有出人之才，不能脫出範圍。此乃世主待儒之過，非道之咎也。

乃從對比於西洋學問之實用性，東洋學則較無用，尤其日本儒教之學問傳統薄弱說起。蓋主政者始終視學者爲方外之人，學者且又自限於備顧問、爲詩文的範疇。至於息軒務以所學盡力於政治實務之用。如出任墒之代官，以爲實際有用之事，乃被評爲率直學問觀之學者。此日日記之後，松田問及先生究竟支持「封建」或「郡縣」，息軒就拒絕回答。蓋從竹添井井處知聞，江戶陷於勤皇、佐幕之區別，橫議騰飛，喧囂不止，故不置可否。其後，息軒有記江戶大勢，蓋於德川氏之關係者多所恤憫。

（八月）七日，晴。有二男子，一半老，一二十四五歲，服敝垢衣，短及於腰。頓首以乞，曰：主家離散，奴輩不能一日自存，伏請垂憐。予憫然命家人恤之。幕士亡家者數萬人，其能自活者，不能什一，況此輩乎？

二男子或爲失去主家之老僕下男之類。突遭鉅變，無以爲生，日暮途窮，只好乞憐收留。蓋敍述無辜受害者的不幸。越二日，閱讀善兵携回之有司穆文：

十日，晴。……中載七月詔，略云方今天下一家，一視同仁，宜改江戸稱東京。

意謂西軍得勢，天下局勢大抵已定，東軍雖有抵抗，亦爲強弩之末，困獸之鬥而已。

七、八月的日記大半敍述奥羽越列藩同盟去留之傳聞，息軒憂喜之情。八月末白虎隊自刄，九月會津城陷等事之正確消息則未可知聞。至於時人的心情狀態，息軒載記著：

（七月）十五日，雨。家人曰：八十翁來言，奥軍勝矣。喜見眉宇。

蓋因何而戰，何處發生戰爭皆不明晰，唯接聞東軍戰勝西軍，即不勝欣喜。此一心境，息軒解釋曰：

（七月）二十二日，……大抵都人所説，多是利東之事。或造言以説人，未可概信也。……記以備後考。

確當的消息無可察知，時人蓋以傳聞之利於東軍者，爲可欣喜，概如此者。

逮及新政府成立，頗優禮息軒，八月十五日記，「官特賜黃金一枚」。本擬辭之，又恐妨礙存恤孤老之善政，乃受之。雖則老老之意存焉，或有特定的對象，時江戸文教一事極爲衰微。息軒記載曰：

（八月）二十四，陰。……晡後，兒益歸。云始寓於富田大高氏，將創醫業。……自西師入江戸，文事墜地，都下業儒者，率不得自活。（益）亦出於不得已之策也。

以文在江戶，息軒乃有移住德川家所在之駿府。唯修書與舊友打探虛實，復書云：

幕士西遷數千人，府中充溢，容膝之廬，不可得而僦。（九月二十一日）

終作罷，不得遂願。翌日，次男益之婦淑病歿，年僅十九。二十四日於駒込龍光寺舉行葬儀，來弔者若干人。

十一月十日，息軒涉嫌反叛新政府而傳訊調查。其詳情如下記：

（十一月）十日，晴。稻津志摩介與河野洞來，與之小酌。稻津云：有讒甲村休五於岩倉大納言者，被逮下獄，疑及先生。休五既被逮，官吏二人來寓，搜索書牘，以冀獲罪名。而無片言及時事者。一日鞫問，聞與米澤士人親善，必有佐會之情。答曰：米澤士乃貢士某，以同門之故固嘗親善，與彼交者非某一人，安得云盡有佐會之情哉。官吏語塞乃止。事本興於讒，不日必赦。所憂休五會病，牢中衣食不能如意，未既愈否。所云米澤貢士，即小島熊藏，亦予門人也。聞諸國門人大聚於京師，嘗會於一酒店，號安門會。既而巷說嘖嘖，一會乃止。然既播傳四方，遂釀成讒構之禍，可怨也。晡後，稻津還，河野遂留。

甲村休五爲飫尾人，爲息軒門人，此事件後不久即病歿。小島熊藏爲米澤之雲井龍雄。龍雄幼名熊藏，爲米澤藩士中島總右衛門之次男，後爲同藩之小島才助之養子。養家之姓和幼名組合，而自稱小島熊藏。關乎右文所敍「安門會」之事，曾師事息軒，與甲村休五、雲井龍雄交誼篤厚之岡松甕谷，撰有「香逸遺稿序」一文，可參照。③

維新後，雲井龍雄由米澤委以重任秘密上京活動。明治三年被捕，以反叛罪處死。雲井所持維新論，非薩長之獨裁制，而是建立國家體制之維新。亦即擁戴天皇，諸藩連合的國家。此論蓋與息軒公武合體論頗爲相近。此一持論，自然不見容於當權之薩長政權。而息軒固留意時政，心懸於涉嫌的甲村和雲井，然則未有解釋罪嫌之良策，只能黯然沈默。

日記於十一月三十日還返代代木伊東家邸寓作結。海內多事之秋，伊東氏歸返飫尾采邑，以致邸內庶幾頹廢。以息軒寄寓之故，大抵修葺之。返居後稍事清理，門弟子即以酒肴款待，至二更始罷。亦結束九個月避難徙居領家村的生活。此九個月中，息軒參訂脫稿「戰國策補正」、「書說摘要」，撰述「左傳輯釋」、「論語集註」的定稿。或此時即便有甚多的不自由和不便利，且有日暮垂老的感傷；然以無任何執着的超脫心境，轉而專致於學問之研究，故有此成就。

四

從川口在領家村回到都下代代木的冬天，息軒追憶避難的景況，避居的作息起居情形，傷逝憂時的感受而成「息焉舍記」。此文附於「北潛日抄」之首，茲摘錄之：

息焉舍記

慶應丁卯，予年六十九，衰憊日至，乃上書乞致仕，時海內漸多事，久不報，明年二月十七日始得允。越五日後巷不戒火，延及予廬，乃寓於舊君伊東氏之邸。既而征東之師興，都下騷然，領家村高橋子善與予有舊，三月十二日，遣其子吉甫及二弟政長來迎，明日遂避地於領家村，寓子善別室。其巷曰花井，在秩父河之北，鉅府三里。室面於未位，水田數十頃，渺然達於堤，民家絡繹，點綴於其間。喬樹修竹，布置如畫，俗尤淳樸，父老代來相慰勞，說麥話稻，諄諄可喜。既載南畝，男女群於田，晴耕雨耨，日相移於前，而予則終日矻矻，改定舊著，推敲新詩。興旺則野服山巾，行散於四郊。不復知世有干戈騷擾之事，實可謂樂國矣。嗚呼！人苦不自知，予年十三始志于學，必欲著事業以顯於世，始以蔭仕伊東氏，後謬舉於幕府，在仕籍前後三十年，而才與時違，不能有一所爲。衰年頹齡，始知素餐之可羞，抑亦晚矣。所幸宦途不達，廟乎不議，燕乎不與，僅免誤國之罪，其是已。今也奉身以退，游息於此土，目覩稼穡之艱難，心曉小民之依，聖人制禮建法之意，彷彿乎窺其一斑。其得於學，殆勝於都下三十年讀書。所謂失於東隅而收之桑榆者，比夫醉生夢死而終身不覺者，自謂差有間焉。記曰：學問之道，游焉息焉，不其然乎。因名所寓曰息焉，並記吾所悔，以告後之不自知如予者云。明治紀元戊辰仲冬望，息軒陳人衡。

領家村田園生活，而「不復知世有干戈騷擾之事」。此記載或未必全爲事實。息軒自少年以來即懷抱學而優則仕，然隨著幕府的崩頹，經濟之說也不得倡行。對於自己未能竭盡全力於狂瀾之挽回，更有痛心疾首的自責。以致轉爲作育後學的薪傳工作。再者，當其困頓之際，亦常自省所學之不足於用。逮及避難於領家村，親見農民辛苦耕耘的情形，才眞正體悟政治法制之根本所在。故息軒自謂此一時期「所得於學，殆勝於都下三十年讀書」。然則，細考「北潛日抄」之所載，很明顯地，息軒的自信全然喪失。於當時，正確可爲者爲何，即指示明確之目標，息軒誠無可爲之。蓋時代之鉅大變革，內心有強烈的激盪，一時之間，僅震撼於社會的更革，而未能理出對應的良策。

其後，面對明治之新時代，息軒清楚自覺其可爲者，爲文化意識覺醒的呼籲。西洋文明滔滔流入，其所主張萬人平等的意識，究竟符合日本之國情與國體否。此一反省，乃東洋學問，亦即尊奉儒家思想者之明確清晰的思考。息軒進而研究代表西洋文明主體之聖經。此蓋爲東方學者眞正地面對西洋文化。其結果於明治六年刊行「辨妄」一書，批判聖經之荒誕不經。對於此書的評價固然有褒有貶，毀譽參半，而其弘毅儒道，任重道遠的精神，宜有最高的評價。④

【附　註】

①益爲息軒次男，名謙助。明治四（一八七一）年歿，年二十八。

②棟爲息軒長男，名棟藏。文久三（一八六三）年歿，二十歲。

③「甕谷遺稿」卷一所收。町田三郎所作「岡松甕谷事迹」（「中國哲學論集」十三號收），亦論及此事，一併參照。

④安井息軒傳記，黑江一郎「安井息軒」（日向文庫刊行會，昭和五十七年），及町田三郎「安井息軒覺書⑤」（東方學七十二輯，昭和六十一年）可參照。

⑤「覺書」一詞之義與「生涯」相近。

（後記）「北溜日抄」原本藏於今川口市領家之高橋家，爲埼玉縣指定爲縣文化財。今流傳者，乃大正十四（一九二五）年，即維新後六十一年，由安井息軒之外孫，安井小太郎刊行者。是時，適逢安井息軒逝世五十週年，舉行祭典，又其外孫朴堂安井小太郎任一高教授，屆齡退休，因而出版此日記，以茲紀念。

町田三郎先生原文發表於「中國哲學論集特別號」（一九八八年三月）

竹添光鴻及其「棧雲峽雨日記」

一

竹添進一郎（一八四二—一九一七）名漸，字光鴻，號井井。爲幕末以迄明治間政壇之活躍人物，且爲著名之漢學家。天保十三年生於九州天草。父筍園，爲儒醫。十五歲至熊本，入學木下犀潭門下，同門者有井上毅、古庄嘉門、岡松甕谷等知名。後仕熊本藩。幕末騷擾之際，受藩命奔走於京都、江戶（今東京）、奧州及中國上海之間。戊辰之役，任熊本藩參謀，知交於主張「公武合體論」之安井息軒、勝海舟。

維新後，於熊本、玉名兩地開設私塾。旋以勝海舟推介，於明治八年任特命全權公使森有禮隨行，渡海中國。先任天津領事館勤務，後轉任北京公使館書記官。奉准遊歷中國內地，以其所見聞，寫成「棧雲峽雨日記」上、下二卷，附詩草一卷。以詩文兼長，評價甚高，廣受中、日文士所好。以文中興革之議頗有見地，受知遇於伊藤博文。明治十五年，赴任朝鮮辦理公使。十七年，遭遇京城之變，即甲申事變，頗與主管當局疏離，歸國後辭任。後於東京帝國大學講授經書，二十六年任教授。二十八年以病辭退，隱居小田原，專事著述。大正元（一九一二）年以「左氏會箋」受學士院賞，獲文學博士學位。大正六年歿，享年七十六。著有左氏會箋、論語會箋、棧雲峽雨日記、獨抱樓詩文稿。其中以左氏會箋（服部宇之吉主編「漢文大系」收載之），評價最高。

茲簡載其年譜，以略述其生平大事。

天保十三（一八四二）年　肥前天草郡上村（今大矢野町）生。名漸，字光鴻，號井井，通稱進一郎，幼名滿。父筍園，廣瀨淡窓門下，爲儒醫。

安政二（一八五五）年　十四歲。學於熊本木下犀潭門下。與井上毅、古庄嘉門、木村弦雄稱四天王。又與井上毅、岡松甕谷稱「木下三才子」。

元治元（一八六四）年　二十二歲。爲藩校時習館居寮生。後熊本藩招聘，受命奔走於京都、江戶、上海間。與勝海舟、安井息軒知交。

明治元（一八六八）年　二十六歲。戊辰之役發生，任熊本藩參謀。遭詩禍。

明治三（一八七〇）年　二十九歲。任時習館訓導助勤。

明治四（一八七一）年　三十歲。於熊本寺原町瀨戶坂開設私塾。後遷徙至玉名郡伊倉，居三年。

明治八（一八七五）年　三十四歲。上京。得勝海舟引薦，隨清國公使森有禮至中國。

明治九（一八七六）年　三十五歲。五至八月間，遊歷中國，寫成「棧雲峽雨日記」。知遇於伊藤博文。

明治十一（一八七八）年　三十七歲。出仕大藏省書記官。
明治十二（一八七九）年　三十八歲。刊行「棧雲峽雨日記」上、下二卷，附詩草一卷。
明治十三（一八八〇）年　三十九歲。出任天津領事，北京公使館書記官。
明治十五（一八八二）年　四十一歲。出使朝鮮辦理公使。
明治十七（一八八四）年　四十三歲。甲申事變起。
明治二十六（一八九三）年　五十二歲。東京帝國大學文學部漢學科第二講座教授。二十八年辭職，專注於著述。
明治三十二（一八九九）年　五十八歲。編其師木下犀潭所述，成「韓村遺稿」二卷。
明治三十五（一九〇二）年　六十一歲。在小田原。拜命皇太子（大正天皇）御前講義。
大正三（一九一四）年　七十三歲。以「左氏會箋」受學士院賞，獲文學博士。
大正六（一九一七）年　七十六歲。三月，病歿。

二

竹添光鴻之中國遊歷，據「棧雲峽雨日記」所載，其於明治九（一八七六）年自北京出發，經保定、石家莊、邯鄲，即沿今日之京漢鐵路，由孟津至洛陽。再轉隴海線，經函谷關，華陰，至西安。踰越秦嶺，經南鄭、劍閣、成都到重慶。此後由陸路轉水道下長江。舟行三峽之險峻與秀麗，觀覽洞庭湖之浩瀚。行程九千餘里，約百十二天，於八月二十一日抵上海。同行者有同鄉且任書記官之津田君亮，侍從侯志信二人。

此次異國長途遊歷之目的所在，竹添光鴻於日記之開端敍述著：

明治八年乙亥十一月，余從森公使航清國。駐北京公館者數月，每聞客自蜀中來，談其山水風土，神飛魂馳，不能自禁。遂請於公使，與津田君亮，以九年五月二日治裝啓行。即清曆光緒二年四月九日也。

蓋憧憬於蜀地的風土山水，遂行異邦長途艱辛的遊歷。雖然嚮往心醉的遊覽，却非全然縱情於湖光山色珍奇瑰異的描述，或風花雪月的吟詠；亦有關乎民生經濟興益之言。俞樾於序文中即指出此點。俞序曰：

竹添井井以東國儒官來游中土，又非長於斯者比。余初以爲游屐經臨，不過吟風弄月，排遣旅懷耳。乃讀其所著棧雲峽雨日記二卷。則自京師首塗，由直隸、河南、陝西而至四川。又由蜀東下，道楚以達於吳。緜歷九千餘里。山水則究其脈絡，風俗則言其得失，政治則考其本末，物產則察其盈虛。此雖生長於斯者，猶難言之。而井井航海遠來，乃能於飲風衣日之際，紙勞墨瘁之時，歷歷指陳，如示諸掌。豈易言哉，是足以觀其學識矣。

誠有具體可觀之內容，即中土人士亦未必有此造詣。至於旅途之艱辛者，竹添一行爲避免煩雜的檢問和糾紛，曾一度變裝，假扮爲行脚僧。至於其所議論者，約出北京一週，即五月九日，竹添敍述著：

九日，過陶唐氏故都。渡滱河，水淺欲涸。其源發於山西靈邱縣高氏山，自廣昌來經倒馬關，過完縣西，北入唐縣界，故又稱唐河。又南與滋沙二水會爲豬龍河，東匯于西淀。抵定州城，有碑題曰中山靖王國。過明月店則鮮虞舊都。既而得一小祠，祠前碑鐫伏羲聖里四大字，明萬曆中所立。祠則佛像羅列，羲皇有知，當言吾初不識黃面客也。抵新樂縣。直隸之地多植榆椿及棗，採其葉和穀作粥。至此則四面荒沙，耕種無施，民命所繫，專在木葉。又東北州縣槩乏薪炭，掘草根以給爨炊，或拾馬矢，曝乾代炭，以禦冬。因思余客冬過山東，每寢炕上，臭穢衝鼻。問之，曰：爇馬矢取暖也。渡沙河，宿伏城驛。

此近年荒歉使然，平世尚不如是之苦。然亦遠遜西南諸省物產之殷富矣。

民生困苦一事，竹添曰：「民命所繫，專在木葉」。關於此一議論，眉批處附載著李鴻裔的說明：

過帝堯故都，見滱河乾涸而追溯其源流。至明月店，見伏羲祠雜祠佛像，造語戲謔之。至於土地貧瘠，旱荒以致疾苦者，庶幾確當，而竹添之筆鋒大抵於人事不利處指陳論述。上述者如此，翌，十日，見直隸地域平坦，發揮水利之議論亦如此者：

十日，渡滋河，抵正定府，即唐時恒州鎮州。其地當燕趙郊，多產棗梨。正定至西安府，踰井陘而經山西太原府，是爲捷徑，然險隘不通大車，故取路河南。抵滹沱河，以旱久，河身盡露，所在揚塵，間有剩水，亦不濡軌。聞京畿之水，以永定滹沱爲大。滹沱發源山西繁時縣大戲山，經太原入直隸，經平山、靈壽、正定至衡水縣。南注寧晉泊，又自泊東出，經深州至河間府，與漳河東北渠會，入南運河。一支北出爲子牙河，匯于東淀。蓋北地平衍，河流所經略無畔岸，既不能防水，又不能蓄水。故雖大川巨浸，冬春可布武而過；一遇秋霖，汎濫洋溢，襄丘隴、毁廬舍，道路爲絕。若黄河則經旬不通舟楫。余於是乎有感焉。古之善治水者，莫若大禹，而其法則在盡力乎溝洫。蓋周家井田亦不過倣之。夫井田豈必方十里之成而深八尺之洫哉。惟隨地勢崇卑，曲折疏鑿，大以承小，以水之蓄洩爲度耳。溝洫既成，旱潦有備，不待言矣。經畫一定，車馬不得蹊田，可以免蹈踐之患，可以絕爭占之端。淀則種菱藕、養魚鳧，隄則植榆柳、毓棗栗。三代之時，地饒民富，職此之由。至戰國開阡陌、廢溝洫，水始爲害。地隨鹹鹵，愈久愈甚，以致今日之荒蕪。乃知溝洫之制，千古治水之要，亦千古治田之要也。夫禹域河川，大抵渾濁，其多泥不獨黄河，陝西之涇渭、山西之沁汾、直隸之滹沱永定皆然。故當其漲也，渾然衝決；已涸，泥淤滯塞。若使溝洫縱横相接，高下相承，漲則疏洩，以供灌溉；涸則挑起，以資糞養。土之薄者可使厚；水之淺者可使深。然則爲今之計，亦唯在開溝洫而已矣。但北地春夏少雨，插秧槩難及時，即及時亦潤養不足，且土質疎鬆，水易滲漏。民又不喜食秔稻，故不必強爲水田。若溝洫則無不可得而行者，苟數千里之廣，使其有畝以樹穀，有甽以理水，則水害去而地利興。是即周家井田之法，亦大禹治水之意也。過南十里舖，宿欒城縣，即欒武子之舊封。

議論的主旨在於興治溝洫之利。其以爲溝洫之建造，非但解決北地治水、治田的問題，且有裨益於治國。八月四日之洞庭湖水量調節論，即此溝洫論之接續。其曰：

……過采穴，抵虎渡口，江水注洞庭處也。蓋黃牛之夷陵，江廣且十餘里，洞庭在其南，方八百里，茫無津涯。大抵湖水增寸未必覺其漲，而在江則減四五尺。於是昔人就采穴、虎渡、楊林市、宋穴、調絃諸口鑿地，導江注于湖，既復出于江。以故水勢緩慢，不至爲巨害。今則獨存虎渡一口，若江流一漲，陡高數丈，田園室廬所在淹沒而民爲魚鼈。然則鑿地疏決，豈非南服治水之急務乎。

遊記所載固有描摹山川情景者，而溝洫興利之議論以見，其經世之觀點亦爲其中土遊歷之主題之一。以其識見卓越，超拔時流，非但爲明治初期之中國無此論，於日本，亦爲僅有。眉批所附重野安繹之評，即於此義上說：

此段卷中第一義。即竹兄經世之略所存。至論卓識，可傳百世。豈直益于清國君相而已哉。

五月十五日記載著：

……夜半起點火，蠅聲如沸，詩人錯作鷄鳴，亦非無謂。匆匆上車，抵彰德府。河亶甲居相即此也。在漢爲魏郡，曹操受封後，名曰鄴都。……宿宜溝驛。夢寐中聞風泉喧豗聲，諦之則驢馬齕芻也。始知臥聞瘦馬齕殘芻句之妙。北地客店，臥房與馬閑相連，止隔一牆。或有別構者，亦相距不過數武。故馬嘶驢鳴常起於枕上。

蒼蠅煩人的鳴聲而聯想到詩經齊風「鷄既鳴矣，朝既盈矣，匪鷄則鳴，蒼蠅之聲」之詩。此詩本爲新婚夫婦對話之詩。又「臥聞瘦馬齕殘芻」句，宋詩紀事載晁端友「宿濟州西門外旅館」詩：

寒林殘日欲棲烏，
壁裡青燈乍有無；
小雨愔愔人不寐，
臥聽羸馬齧殘芻。

即有此句。唯晁詩之「羸馬」，竹添誤爲「瘦馬」，「聽」誤作「聞」，「齧」誤爲「齕」，蓋憑記憶書寫，疏於檢覈之所致也。而由蠅聲、夢中風泉聯想及古人詩句，乃當時文人行文的風尚如此。金多納德（Donald, Kean）於朝日新聞夕刊以「百代之過客」爲題，連載「從日記看日本人」。其續集有節錄「棧雲峽雨日記」，並於第三回介紹竹添於宜溝驛的敍述。金氏說：

此地，亦即中國北方的客棧，其客房和馬廐僅用薄薄的木板隔開。或有別棟，彼此相隔不過數步的距離而已。「故馬嘶驢鳴常起於枕上」。……我想芭蕉也在類似的狀態下，寫出「奥之細道」中有名的「枕蚤虱馬尿」之詩句。①

竹添應知芭蕉此作和歌的第一句，且又有夜宿宜溝驛的經驗，當極自然地有相同的感受。但竹添並沒有引述芭蕉的詩句，却引述較生澀而不爲人知的宋人晁端友之詩。此或爲漢學家特殊的氣質所在。

三

十九世紀末旅行中國西北，未必能萬事快意。首先，客棧並沒沐浴設備。出北京一個月，越函谷關到驪山，始能入浴溫泉，洗濯滿身的塵垢。其次，北地無厠所，咸在豬圈便溺，幾乎不能忍受。直到西安，才好不容易有厠所，「雖不淨潔，亦勝於無矣」（五月三十一日）。生活起居之不便，大抵若是。至於飲食之粗略，自不在話下。而北京兌換之碎銀半爲銅，客棧床榻之跳蚤噬虐，遭竊盜走衣物等事。②皆爲不快者也。唯凡諸災難、苦痛與不便，咸屬日常瑣事，日記並沒有刻意渲染其不快。無論衛浴如厠問題或跳蚤、盜竊等事件，皆於事態化解後始補述之。畢竟，日日記述不便與不快，完全不能改變既成的事實，但爲愚痴而已。由此以觀，竹添頗有丈夫氣慨。或許捨棄擾人煩厭之細瑣碎事，盡於新奇處發見，亦即超越日覺不便與苦痛的困擾，以喜悅的胸懷記述其遊歷。如六月四日所記：

抵興平縣。爲漢槐里茂陵之地。獲藕粉食之，蓋搗藕爲粉，漬水晒乾，略如我邦製葛粉。

過馬嵬坡，楊太眞墓在道右，一隴僅存，有祠蕭然。

是日遙望見終南山於烟靄間，蓋陝省山脈，自甘肅西傾而來，爲隴爲研，據秦、鳳、漢之會。分爲二支，其一東北出，踰鳳翔，爲岐山、爲梁山，又東爲九嵏，又東北爲甘泉、爲嵯峨，又東爲荊山，其尾爲朝坂，以盡于河，皆在渭北，關中人謂之北山。一支東南出，踰寶鷄爲太白山，又東爲終南山、秦嶺，爲驪山，其陽爲藍田山，又東爲少華，爲大華，其陽爲雒山，雒山東爲武關，大華之東爲潼關，又東盡于河，皆在渭南，謂之南山。自西傾至大華二千餘里，東西相望，南北相倚。禹貢所謂西傾朱圉、鳥鼠，至于大華者是也。宿長寧驛。

極力描寫陝西山脈及渭水南北支流，似無任何妙趣可言。唯對於耳熟能詳的華山和終南山，能親身經歷，竹添光鴻是日本第一人。以故，中土遊歷，目之所見，耳之所聞，如平生僅見之新奇。故由神遊而親見的喜悅，皆交付青山綠水，於山水的描摹中，寄託其感受。換言之，行萬里路乃其喜悅的底據，至於生活上細微瑣事則不足掛齒了。

竹添既寄情於山水，自然有狀寫工巧之記述。特別是秦棧與蜀道的描寫，極爲細膩。

（六月）九日，抵益門鎭。則入棧道矣。溪水自萬山中來，亂石相排而出，涉溪蹈危岸而行。一路羊腸，循山盤紆，仰視天光，如在井底。踰二里關，古大散關也。山益峻，路益險，下則深谷千仭，奔流激射，轟雷翻雲。下關十里，盲雨忽至，大如彈丸，下轎小憩。……如度煎茶坪，雨益猛，奔雲滾滾，隨開隨闔，須臾四面皆合，一氣混茫，從足所行，路乃出。如大瀛中浮一條仙路，飛行其上者。宿東河橋，冷似秋。

傾盆大雨突然而至，繼而濃霧瀰漫，山路蜿蜒其中，如行走於海中懸浮的小道。十三日踰鳳嶺，漢時棧道雖經淸康熙年間修復，稍便利於行走，仍險峻驚心。竹添寫其景，曰：

孔道迂回，乃取捷徑，極嶮。後人戴前人而上。

俞樾評「後人戴前人」句，曰「摹寫極工」。蓋以竹添所記深得其景之妙。其後二日，踰秦棧之最高處。以畫眉關至武曲鋪之間風景勝絕，著墨之精細。其記曰：

十五日，踰畫眉關，亂石聳起，欲壓人而墜。……抵武曲鋪，道旁大石題千古烟霞四字。山間有瀑，裊裊瀉下，風來颺之，如撒明珠。褒之水，潴則蘸藍，奔則翻雪。奇巖怪石如蟠龍，如奔馬。棧道一線，通於其間，行旅皆在圖畫中矣。

誠有狀難寫之景如在目前之緻。秦棧盡於褒城。其後之景色而爲竹添一行所盼望者，即難如登天的蜀道。十七日自褒城出發，五日後，於二十二日抵達蜀道中最難踰越的朝天嶺。竹添記其景況，曰：

二十二日，踰朝天嶺。石磴盤空，爲之字狀。數步一憩，賈勇而上。前人之已遠者，却來在後人頭上矣。蓋蜀道之難在棧，而北棧鳳嶺爲最高峻，西棧則莫過於朝天。遍山大石，皆穿百孔，自面達背，如水波衝擊而成者，隔江斷崖有飛瀑數條，皆異其勢。有數級相承，水循焉而散漫，如水綃段段相續飄飄于虛空者。有崖腹深陷，水自崖唇一直瀉下，如萬斛珠璣，傾筐翻倒者。洵巨觀也。

寫飛瀑懸崖而下，確爲奇景偉觀。二十三日宿昭化縣，遭盜竊，遺失衣物。翌日爲雨所阻，不得行。

二十五日，微雨。發昭化。有費褘墓。踰牛頭山，屏障西南，蜿蜒而穹窿。古名天雄關。有祠祀關壯繆。憑欄遐矚，四壁山光，一虹煙水，宛然畫圖也。

山轎盤旋於紆迴之羊腸小道，山色勝景盡入眼簾，亦有逸趣。故竹添曰：「步步呼奇叫快，不覺轎中傾軋之苦也。」再者，親歷費褘、關羽等三國演義中馴染人物之墓地、祠廟，更足以快慰平生，勞頓之苦立時消除殆盡。

二十八日抵送險亭。西棧止於此。竹添總括蜀道全景，如次記述著：

……初余經直隸至西安，一路荒涼，稻米不易獲。意謂中原秦中而如此，蜀棧則深菁宿莽，狐兎所窟，虎豹所嗥，道塗險狹，行旅皆負擔而過，無由得粒食也。既入兩棧，山間之地，皆墾爲田園，巖縫口罅，無不菽麥。所至鷄犬相聞，牛羊載路。路之險者，鑿而闢之，棧之危者，磴而欄之，宛爲康莊，兩騎聯而走矣。都邑則繁盛，客店則閎壯，肩輿絡繹，晝夜不絕。小站亦皆炊膏粱，以待客。吁，天下之事，每出意料所不及，非深于閱歷者，寧可與語之哉。

蓋盡於非親身遊歷不得知其地事實眞象之敍述。故深幸於中土之遊，雖有細微之不便，亦不足道也。

四

七月三日抵成都。在此滯留一週。抵達之日，即巡訪骨董鋪和古書店，以此地自司馬相如以來，文風即鼎盛之故也。此日所記，先援引蔡九霞之記述，說明四川全省的形勢。其次，細說四川的鑛產和農產等。其後以民情、習俗作結。關乎後者，竹添曰：

……民質直而剽悍，然五方雜處，匪類亦多，俗素信佛，輓近則駸駸入于祆敎，全省敎會蓋至數十萬云。

以是時，中國有祆敎爲禍事，故載記其事。

翌日，江安知縣陳錫鬯來訪。其人「風采藹然，君子人也。」（四日）爲竹添自北京出發以來，首先結識的文人。適值陳氏有事，故同行至重慶。由竹添所記，當知二人之志氣頗爲投合。

（七月）二十二日，……余將買舟，屬陳錫鬯聽采，凡船上設艙槅牕櫺者曰艕子，供行旅寄載。其無之者，大曰五板，小曰三板。皆裝載貨物，客亦得就搭焉。適有一大船裝鹽趨宜昌者，錫鬯勸余附載。乃告別錫鬯，相揖而祝曰一路平安，蓋是邦送行常語也。嗟余自入蜀，即納交於錫鬯，肝膽相投，事輒咨詢，依以爲西道主人，錫鬯亦自任不辭。今乃遽然分袂，眞所謂別離已異域。音信若爲通者，口敍常語而誠發自中。黯然久之。

得異邦知己，聚時歡暢無任，別情自是依依。雖人生常情如此，而異國遊歷，得識知己，其感懷之深，自有異於俗也。

蜀地多雨。范成大云蜀中無梅雨，實則未必然。據蜀人云：「每歲夏天陰雨連綿。」（五日）八日，雨止。竹添訪謁成都南門約三里外之昭烈帝劉備之廟。廟左有池，蓮花盛開，香氣襲人。隨後，得導遊勸誘，往五里開外之浣花草堂。出草堂寺本殿而西，慈竹夾道，不久至祠。置三尺高正冠而坐之杜甫像於中央，其左旁祀石雕之陸游像。祠西引水成池，數十隻鼈浮出水面，見人而無畏懼狀。「歸途過青羊宮，規模極大。中設劇場，商賈雲集，百貨山積，人雷汗雨，殊爲可厭。」青羊宮爲道教寺廟，却如殷賑雜沓之商場，毫無清謐之莊嚴氣象。

七月十一日，由成都走「川東官道」到重慶。「道路橋樑修治殊至，田野闢開，邑里殷富，非復川北之比。客店大者可容千人，店中或有設劇場者。」（十三日）官道右側有鹽井，井深二、三百丈，以巨竹穿節銜接竿以汲鹽。竹添日記有介紹竹竿汲鹽的組合情況，且說及中國鹽產地、製鹽法、官鹽與私鹽之別及專賣制度之流弊，因論：

余則以爲凡產鹽之地，計置竈若干，出鹽若干，以收其稅，聽商民就場賣買，隨便轉販，不必給引。則商民均賴其利，官亦庶免乎虧鹽課之憂矣。（七月十六日）

二十日抵重慶。重慶爲山城，街道沿山而開，頗陡峭。竹添形容之曰：

府依山爲城，高而長，如大帶拖天際。躡磴而上，百八十餘級，始至城門。又歷九十餘級，乃出街上。

二十一日記祆教爲亂事。竹添之出生地，曾有城主天草四郎禁基督教之事件。明治維新後，基督教復得以自由於各地傳道布教。有此因緣，乃極關心此地騷擾事件，詳載蜀地無賴恃勢擾民，雖亂事平定，以有司處置不當，縣民忿憤不平，乃群起打殺教徒，焚燒教堂。亂事又起。竹添記之曰：

蓋祆教之入蜀，民皆不喜。而奸宄無賴之徒，爭竄名於教會，恃衆横暴，民益惡之。然司教者略不經意，民訟之官，又不得直。由是忿懣不能平。至同治十二年，遂脅諸縣民群起殺教徒。而今玆又有江北之變。江北與重慶相對，別置同知官一員。正月教徒之在江北者，放火燒民居數戶，團民即捕之。既而教徒又縛納糧廳城者三人，拔其鬚，爭折辱之，且死乃釋之。於是四鄉之民，不期而集，燬教會、醫館，并傷殘教徒。遠近聞風起者十餘萬人。二月遂涉江南入府城，將盡火敎堂以甘心焉。……城中敎徒三百餘戶，見民衆勢張甚，皆慮不能自保，乃焚所崇奉神像，更立天地君親師位。於是比戶皆放砲稱賀云。

二十二日告別陳錫鬯。乘五板船，即貨客兩用船下長江。由此轉陸路爲水道。日記亦記陸行夜宿客店，遭蟲噬虐之苦，上舟之後，則能免其厄。竹添曰：

初陸行，每宿苦蟲，不能安眠。蟲色淺紅，匾而圓，微成三稜，名曰臭蟲。不潔之所生也。以其伏于臥坑，又曰坑蟲。書間無見，至夜就寢，四集噆膚，隨成微腫，癢不可堪，搔之見血，尋結痂，經月不痊。及上舟始免其厄，後聞蟲性怯油，寢藉油布則無患。

此記述或爲日本人描繪臭蟲爲害的發軔。每夜苦於蟲噬，至上船始免。末述以油布枕藉以免蟲害，對日人而言，誠不失爲極佳之經驗傳授。

行舟直下巴峽。二十四日過涪州。程伊川流謫至此，寫成易傳。竹添感慨道「想像高風，不堪欽仰。」既而至酆都。傳說中道敎的地獄所在。青壁隱約於山顛之林間，「舟人曰閻羅天子所居」。（七月二十四日）

過夔州入瞿塘峽，即三峽中近四川之第一峽。二十八日，雇小舟往觀魚復浦之八陣圖，以水漲不得見。江北有一山，則爲白帝城遺址。竹添記之曰：

一山臨江而起，爲白帝城遺墟。舍舟由山後螺旋而上，殿宇巍然，舊祀公孫述，明時廢之，更祀昭烈。庭中有仙人掌數株，皆高過一丈，所罕睹。殿門俯瞰瞿塘，不雨而萬雷作于脚底。繞殿多老樹，陰森含風，頓忘三伏之熱。徘徊移時。登舟則烈日赫赫，復在洪爐中矣。

極力於平生罕見之奇觀的描寫。氣象之奇幻萬千有如此者，誠不虛此行矣。

五

「棧雲峽雨日記」之有足觀者，一在關中、四川之珍奇風物與特殊民情之記述。一在絕妙好詞，自然天成的描摹。茲舉比喩巧妙，足資品味之記述二則，以說明之。其一，六月二十一日越葱嶺的描摹。

（六月）二十一日，出日杲杲，人馬生影。過神宣驛，相傳爲古籌筆驛。抵龍洞背，即葱嶺。有洞名曰龍洞。一水奔突，趨于洞中，有聲潀然。嶺上有玉皇觀，夢宇紺碧，隱見于林木間。循叢薄而登以達顚，大石攢列遍地。有昂頭而仰天如巨黿者，有隆肩而曲喙如橐駝者。有如蜂房者，有如燕壘者。傴僂而跪拜者，僨起而暴怒者。面平如砥者，頂鐵如箏者。鐘臥者，鼓懸者，鑿成七竅者，皺裂成披麻皴者。殊形詭狀，備極奇觀。道左又有屹然矗立如數朶蓮相附着成一大片者，高廣各可三十尺，最爲絕特。葱嶺古龍門閣。

中村敬宇評此段曰：「細寫大石詭形異狀，頗與蒙莊語地籟相似。」或竹添見葱嶺怪石，以其鬼斧神工，乃造化天成，故以莊周齊物論狀寫萬竅之筆法，一氣呵成者也。

其二爲七月三十日所記，品評巫峽與瞿塘山岳優劣的論述。

……大約巫峽之山，頂銳而脚步奓張。其絕壁斷崖多在肩以上。瞿塘則自水面陡立，腹背以上，斜殺而生毛。且巫之山秀媚而鬱嵂，其秀媚如淑女之貞靜端正，顧盼含態。鬱嵂者如偉丈夫，衣冠儼然尊瞻視。瞿塘則猛將臨陣，皆裂髮豎，可望而不可狎。巫峽能兼瞿塘之奇，而瞿塘不能有巫峽之富。二峽之優劣，於是而判矣。

川田甕江評此篇曰：「比喩絕妙」。蓋得竹添載記之旨。

當抵達旅遊之終點上海。竹添以感慨作結。其曰：

（八月）二十一日，舟達于上海。志信於是辭去。君亮亦將東去歸。嗚呼，我三人相携奔走炎風烈日之下，傳餐換衣，情同骨肉兮，今乃擊缶唱河梁曲。天涯地角，形單影孤，余何以堪之。然天已假我三人以良緣，今之雲散，安知不爲他日萍合之因哉。是行爲日百十有一日，爲程九千餘里。大抵車取二，轎取三，舟則略與二者相抵。其記之也，北則詳于雍豫，西南則詳於梁蜀。若夫武昌以下，我邦人士足跡或有及焉者，其山川風俗皆能述之，不復須煩言也。顧余年方壯，異日或得作嶺南之遊，探梅羅浮，觀潮兩廣，以續棧雲峽雨之記。其爲樂何如也。古人有言，得隴望蜀，余旣涉隴之境，又盡蜀之勝矣，而意猶未饜焉，人實苦不知足哉。不勝依依之情溢於言表，蓋甘苦與共，故離別乃有噓唏之感也。

六

卷末附載川田剛、土井有恪、藤野海南、重野安繹、楊峴、吳大廷等人的評語。其中，重野氏評「棧雲峽雨」曰：

卷中記中原諸州，以水利爲之綱，而地質、土產、漕運、紡織、阿片之患害，民物之凋弊等，觸處寓慨，曲爲之區畫措置，一一中竅。至入隴蜀，敍景紀勝之中，觀國俗憂民瘼之念，猶隱隱動乎楮墨間。乃經世大文章，莫作一部游記看。

又曰：繁簡得宜，有韻致，有精采。即以文辭評之，亦記行最上乘矣。

重野所謂「經世大文章」誠一語道破「棧雲峽雨日記」的本質，與俞樾序文之指稱頗爲相合，皆至當的評價。此日記出刊之後二十年，即明治三十年，內藤湖南有禹域游踪之旅。以三個月遊歷天津、北京、杭州、蘇州、武漢。內藤湖南蓋以「原吾志」而發，故記述途中交友、所懷、見聞而成「燕山楚水」一書。③其於紀行最末摘錄「管子」八觀篇之文作結。八觀是八個視察國勢的要領。尋內藤氏之異域遊歷而引述此文，蓋有觀風土之所宜的寓意在焉。由此以觀，竹添之遊記又何嘗沒有與內藤相同的懷抱和意旨寄寓其中。此所以廣爲中、日文人學者推崇的原因所在。④

【附註】

① 一九八七年一月，朝日新聞夕刊，「續百代之過客」中「棧雲峽雨日記」一～七。

② 「棧雲峽雨詩草」之「昭化縣客次遇盜」詩，有敍述衣物遭竊事。其詩曰：「如有人兮戶半開，夢醒急呼僮僕來。獨失

汗衫與破帽，盜兮盜兮費我疑。」

③內藤湖南全集卷二所收（筑摩書房）。

（後記）町田三郎先生原文於第三屆域外漢籍會議（台北市舉行）發表。

岡松甕谷論

一

甕谷岡松辰之名鮮爲人知。其爲幕末至明治中葉，帆足萬里一門的俊才，爲木下韓村門下的「三才子」之一。時東都以文學爲尚，岡松氏則以老莊之徒，東洋倫理之鼓吹者而知聞。綜觀其生涯，具有幕末維新變革之開明精神，不能忍受庸俗脚步之遲滯不前，以致頗不合時宜，同志者少，甚爲孤寂。此岡松甕谷亦足自豪亦不幸者。換言之，其挺拔超俗之名雖傳頌一時，却迅即被認爲世間不遇之才子，而爲人所淡忘。

關於甕谷的年譜行狀，其子參太郎、匡四郎有簡要的記載。①茲摘錄於后：

文政三年（庚辰）正月十四日，文靖先生生于豐後國大分郡高田鄉。先生諱辰，字君盈，號甕谷。初稱辰吾，後改伊助，姓岡松氏，世居高田。高田爲熊本藩屬邑。高祖諱勝，方寶歷享和之際，始蒙靈感公識拔，爲高田鄉長，子孫襲其職。考諱眞友，稱數右衛門，娶奈須氏，生三子，長曰眞任，字子棟，稱俊助，承家，次即先生也，季曰魯，又名精，字鍊甫，稱魯助。

四年（辛巳）甫二歲。

五年（壬午）甫三歲。

六年（癸未）甫四歲。

七年（甲申）甫五歲。

八年（乙酉）甫六歲。

九年（丙戌）甫七歲。

十年（丁亥）甫八歲。

十一年（戊子）甫九歲。

十二年（己丑）甫十歲。

天保元年（庚寅）十一歲。

二年（辛卯）十二歲。

三年（壬辰）十三歲。

四年（癸巳）十四歲，初賦夏寒詩二首。

五年（甲午）十五歲。

六年（乙未）十六歲，秋游于日出。賦詩。送橋本明卿。

七年（丙申）十七歲，始入帆足先生門。是歲。考貞友君。轉佐賀關鄉長。

八年（丁酉）十八歲。

九年（戊戌）十九歲，是歲瘟疫大行。四月二十日。妣奈須氏歿。十二月十日。考眞友君亦歿。所謂一歲而再遇大戚是也。賦詩送賀來季和。

十年（己亥）二十歲。

十一年（庚子）二十一歲。

十二年（辛丑）二十二歲。

十三年（壬寅）二十三歲，作西崦精舍詩四首。

十四年（癸卯）二十四歲。

弘化元年（甲辰）二十五歲。

二年（乙巳）二十六歲，遊椎谷。作文記之。

三年（丙午）二十七歲。

四年（丁未）二十八歲，春自高田。往佐賀關。問眞任君。夏，從帆足先生游京師。冬，更游江戶。是歲。作文送米良子庚。

嘉永元年（戊申）二十九歲，二月。觀櫻花于墨田川。作文記之。三月修久貝氏邸舍而居焉。作東雪舍記。久貝氏。稱因幡守，時爲大番頭，邸在市谷加賀町。五月七日。訂佐賀關竹枝。

二年（己酉）三十歲，此歲西歸。途過京師，見九鬼侯。賦詩以獻。冬，眞任君罹疾，即往佐賀關留十餘日而歸。
三年（庚戌）三十一歲，春，復往佐賀關。十一月，西入熊本，途訪佐藤翁。以其父執也。修考眞友君十三年忌辰之典。
四年（辛亥）三十二歲，秋，帆足先生罹疾，日夜侍湯藥，疾稍瘉。十二月，先生自西崦，徙日出，乃與諸生十餘人留守焉，作燕石記。
五年（壬子）三十三歲，二月，帆足先生疾瘉，乃請間遊熊本。五月歸日出。六月十四日，先生歿矣。冬，補國學生員。是歲，與書廣瀨世叔。
六年（癸丑）三十四歲，三月，於加賀山訓導宅，賦栽松詩一篇。
安政元年（甲寅）三十五歲，四月，有疾，請治於安東子益。是歲，爲經筵侍講，作文贈煮石道人。
二年（乙卯）三十六歲，爲獄曹椽，尋遷詮曹。
三年（丙辰）三十七歲，祗役江戶。納交羽倉簡堂，安井息軒諸儒。作中島則道墓碑銘。
四年（丁巳）三十八歲，四月，自江戶歸。娶北野氏，名恒子，年二十又一。
五年（戊午）三十九歲，復祗役江戶，作祭亡媼文。
六年（己未）四十歲，春，乞暇西歸，既又東上。
萬延元年（庚申）四十一歲，三月，扈從世子西歸。三月朔，長女生，名英。
文久元年（辛酉）四十二歲。

二年（壬戌）四十三歲，正月二日，舉男，名俊。八月二十九日殤，作傷逝賦悼之。是月，高田大水，典籍家什，多爲漂蕩。十二月，從駕詣京師，寓南禪寺。

三年（癸亥）四十四歲，買家於熊本壺井川上，題曰竹寒沙碧書屋。

元治元年（甲子）四十五歲。

慶應元年（乙丑）四十六歲，一月十四日，舉男，名幸，亦殤。

二年（丙寅）四十七歲。

三年（丁卯）四十八歲，上書成山公子，請辭職。

明治元年（戊辰）四十九歲，正月二十日，第二女生，名鳩。冬，奉使入東都。

二年（己巳）五十歲，十月，爲大學少博士。與賴支峰、川田甕江、芳野金陵、重野成齋諸儒交遊。

三年（庚午）五十一歲，五月乞暇西歸。四日，眞任君病歿。七月，罷大學少博士，有更補太政官權少史之命，固辭不就。冬，自東京還高田。

四年（辛未）五十二歲，遊延岡，九月九日，舉男，名參太郎。

五年（壬申）五十三歲。

六年（癸酉）五十四歲，尚在延岡，譯述窮理解環一卷。十一月，自延岡還熊本，復入竹寒沙碧舊莊。十二月，與並繼爲窮理解環序，具述先生苦學之狀。

七年（甲戌）五十五歲。

明治八年（乙亥）五十六歲，二月六日，壽佛龕上人。

九年（丙子）五十七歲，移居東京，四月十日，舉男，名匡四郎，後出嗣井上氏。十二月，弟魯君來同居，是歲創設紹成書院。

十年（丁丑）五十八歲，西南之役起矣。竹寒沙碧莊亦罹兵燹，藏書多歸烏有。

十一年（戊寅）五十九歲。

十二年（己卯）六十歲。

十三年（庚辰）六十一歲。

十四年（辛巳）六十二歲，十二月，爲東京府中學講師。

十五年（壬午）六十三歲，四月，作楊本通鑑序。七月二十八日，爲文部省御用掛，兼東京大學文學部教授。九月二日，更兼東京大學豫備門教授。

十六年（癸未）六十四歲，十月二十四日，爲東京大學文學部諮詢部會會員。

十七年（甲申）六十五歲，十月二十三日，轉東京大學御用掛，東京大學文學部教授兼東京大學豫備門教授如故。

十八年（乙酉）六十六歲，三月二十七日，罷東京大學豫備門教授。

十九年（丙戌）六十七歲，一月九日，罷東京大學御用掛並東京大學文學部教授，是歲著紹成講義。

二十年（丁亥）六十八歲。
二十一年（戊子）六十九歲。
二十二年（己丑）七十歲，九月十五日，爲東京學士會員。
二十三年（庚寅）七十一歲，四月五日，爲東京府高等女學校講師。十一月，開壽筵於櫻雲臺。
二十四年（辛卯）七十二歲，二月，又開壽筵於紅葉館，作自壽序。
二十五年（壬辰）七十三歲，正月二十四日，配北野氏病歿。
二十六年（癸巳）七十四歲。
二十七年（甲午）七十五歲，四月一日，爲華族女學校講師。
二十八年（乙未）七十六歲，二月十八日，病歿于築地僑居。

男　參　太　郎　謹識
匡　四　郎

此年譜頗能記述甕谷之平生大事，而明治二十四（一八九一）年甕谷七十二歲，自述生涯之「自壽序」，能彌補此年譜之不足，可資瞭解甕谷事蹟之參考，亦摘錄之：

老杜有謂，曰：人生七十古來稀，然老杜實以五十九歿，未及至七十。則所謂古來稀云者，亦非實踐之言也。余也不肖，犬馬之齡，今茲實七十而加二矣。因通觀於當世，康寧而齒與我相若者，固衆矣。其或躋至八十若九十者，以余所識，亦不下三數人也。果然，耆艾之人。未必乏於世，七十之齒，不可以爲壽，而老杜之言，豈足以爲信哉。余又怪，世人非獨壽七十，五十以上至六十，亦皆會客、宴飲歌舞以爲壽者。自古而然，蓋彼皆富厚累世，常躬芻豢之養。或歷位將相，顯赫一世，而年壽亦益高。於是爲之親戚朋友者，與俱歡欣，而爲之壽，是亦未爲無謂也。獨余則不然，年十四五，從事學業，朝虀而夕鹽，矻矻夜以繼日。中歲釋褐肥藩，職在吏曹，常汩沒於簿領間，或奉使四方。道塗往來，遑遑乎未有以適於己也。及王室中興，嘗一承乏大學少博士，居歲餘，遽賜罷黜。余乃絕意進取，比西歸，屏居陋巷，教授自給，頃之。又以失意於縣有司也，遂復携家入都，屬聖朝革釐法制。所以敷政爲治者，率取則於歐羅巴。六經四子，束之高閣，至後生小子，或不能舉其名。蓋余之少，亦嘗修西人之言，得遊其藩。方見舉天下駸駸乎且棄華之夷，不忍抱薪以助焚燒之勢。遂絕口不復道日月五星之運，風雨氣水之說。以至踽踽焉，與世之搢紳先生背馳，由是交游鮮少，家道益屈。今也二女纔得出嫁成家，猶有二兒，歲猶弱，亦皆庸愚，無能有爲。余以衰暮，日夕奔走，營營乎衣食，猶若不給，未嘗有一日之安也。且余已逼崦嵫，筋力耗竭，獨至記性，未甚減於舊時，嘗欲有所纂述，以施於後世；亦以其貧也，不能廣聚舊籍，以資考據。舉舊稿委棄之筐底者久矣。嗚呼！今之世寧有如余之貧者乎，適四方之士嘗及吾門者。相與謀，將欲歲時置酒高會，以爲吾壽，且敦往時與俱游處之義，使無墜於久遠。去歲十一月，一會於櫻雲臺，而衆君子素辱知遇者，亦多賜見臨。蓋會者是十人矣。歲二月壬申，將復會於紅葉館，顧衆君子之所以爲吾壽者，非欲使我益永得年乎。以吾之局趣乎涉世也。繼自今更添一歲之壽，適添一歲之憂，吾未知其所以爲壽也。雖然，貧者士之常，余居常以老杜及后山自況。而復詎足以爲言？設使我棲遲故山，治生于畎畝之間，其所以支撐旦夕，未必不有優於炊玉爨桂者也。然非與天下之士，締交於都門，復安得膺今之盛貺乎？蓋衆君子之爲我設宴，殽饌已備。旨酒如澠，塡塡鼓我，僊僊舞成，令蒼顏鶴髮，頽然得罄歡於盃盤狼藉之間，是豈不足以爲壽，而世亦安知不有以我爲羡者哉！故作序自壽，所以舉衆君子之意，而幷慰其平生也。

年譜、自序外，記載甕谷傳記者，尙有高田村志、帆足萬里先生門下小傳及甕谷遺稿卷末所附關口隆正「文靖先生行狀」等，收載之。其中，以「帆足萬里先生門下小傳」所載傳記最爲精簡易解。其曰：大分郡高田村人，同村里正岡松宰助之第二子。初遊學熊本藩時習館，不被許。天保六年，十六歲，入學帆足萬里門下。②刻苦精勵，敏求不倦。二十歲時，隨萬里遊學京都，後萬里歸鄉，甕谷乃至江戶，得識安井息軒。及萬里至西崦，再入其門，任同塾門生之監督教授。萬里歿後，爲熊本時習館寮生，而才學超越同館教授。安政元年，侍講熊本藩，列中小姓。同年，隨侍至江戶，慶應三年致仕，旋任東京昌平校教授。明治四年，應聘旋岡藩當學政，同六年辭去，返熊本，任教授。明治九年，舊友招之上京，於東京創紹成書院，任教授。後爲東大教授，同二十二年推薦爲東京學士會員。明治二十八年二月十八日歿於築地，年七十六，諡名文靖先生。

甕谷名辰，字君盈，通稱辰五。著紹成講義，漢譯常山紀談，詩文集甕谷遺稿八卷等。③

二

明治初年，時人以甕谷之文才與川田甕江並稱「東都二甕」。實則，甕谷早歲即以文才超拔知名。其於入門帆足萬里的第二年，萬里之「井樓纂聞」脫稿，命弟子改寫成漢文，甕谷所寫者，「師友皆稱其造詣不可測云」。④以此天賦資質，加以夙夜匪懈，故有精深之文學造詣，而享盛名。

甕谷之詩文集，有「岡松甕谷先生文集」四卷和「甕谷遺稿」八卷。前者爲甕谷季弟魯，號鍊甫及其友人奥並繼編輯而成，於明治中期以日月星辰四卷刊行。此版附有羽倉蓬翁、安井息軒、重野成齋等人的評語。此書今大分縣日出町萬里圖書館藏之，唯但存星辰下卷一册，日月卷已佚。後者爲明治三十九年，參太郎、匡四郎輯佚增補而刊行者。蓋以前者爲本，增加草木山川四卷而成，共八卷。唯前者所附師友之品評稱譽，非甕谷所好，故全數刪除。其書一、二卷爲序、記，三、四卷爲論、說、書、題跋等，五、六卷爲碑銘、雜著，七、八卷爲詩。附錄「文靖先生行狀」、「甕谷先生墓志」。

甕谷雖有文名；於詩，則嘗謂「予於詩尤拙」（遺稿凡例）。蓋幕末以迄明治初期之文風，宗尚明代侯方域、魏禧、汪琬三家之文，文風以悲壯豪放爲主流。故當時雖以唐宋八大家之文爲範本而爲文主於悲放之主張仍存在；且不論文體形式如何，皆以議論出之的趨向熾盛。關於此一傾向，重野成齋曰：

余弱冠左右入茗釁，從諸子學作文。時屬幕府末造，天下多故。諸子亦皆年少氣銳，相競放言高論，戛戛乎論當世之務。故其所作雖序記碑誌，一以議論作之。初不問體格如何。老生宿儒間或指示其侯度，輒倦怠思睡，非蘇陳論策不置几上，以謂文以氣爲主，何拘於體哉。（文體明辨纂要序）

此幕末之文風仍延伸至明治初期，故是時悲憤慷慨，昂揚議論之文體流行。此一風尚下，甕谷始終以恬淡筆調描寫者，自顯得極爲特殊。關於此一敍述方式，甕谷有所謂的「記實法」說明之：

自余入都，有諸生諸受業者，必先授以記實法，從文簡先生遺教也。

中江子篤（兆民）聞知此法，大喜曰：

循子之法，雖東西言語不同，未有不可寫以漢文者也。

甕谷與二三子謀譯的常山紀談，即甕谷之「漢譯常山紀談」乃以記實法漢譯之也。茲舉常山紀談中古來有名之「太田道灌」一節的漢文，以爲存考。

太田持資者，上杉宣政長臣也。嘗出郊放鷹，會天雨，過民家乞借蓑衣，有少女子守舍，默然起折棣花一枝以進。持資曰：非求花也，怒而去。或謂持資曰：古歌詠棣棠花有言曰：奈實之無有一，和言實之與蓑衣通，女子蓋訴家貧不能藏有蓑衣也。持資聞之，驚且愧，自是益覃思和歌。⑤

甕谷於「帆足文集序」亦敍述「記實法」曰：

帆足先生嘗戲曰：和人作詩文，譬如獼猴演劇，終不似眞。然敎弟子，以文爲首者何耶，蓋以

後進不學文，無能通古經也。（卷一）

則以「記實法」教授弟子。其所謂「記實法」，乃爲了正確理解先秦古典，而鑽研文學。故排除修辭和創作技巧，主張平易直率的記實敘述。關於平易直敘的特點，於自述學問系統的「與岡本監輔書」一文亦兼及之。其曰：

某性愚昧，惟少甚嗜文章，以爲文者所以記實，而傳之遠。二典三謨，以至左國史漢，莫不皆然，嘗竊見唐宋而下學者，率罔知勤于此，徒競妍鬥靡，華言閎辯，以爭勝于一世，抑亦學文之未至者也。於是常取法於龍門，專以記實爲勝。昏愚之性，未能有得也。某旣以記實爲務，至夫華言閎辯，以爭勝於一世者，平生未遑專力焉。是以雖時有著作皆拙陋，殊不足有取，未能與世之以文章名者，分道而馳也。是某之於文章，與世之學士異者矣。某又嘗講經矣，然旣非襲於洛閩，若夫明清諸家，至吾邦伊物諸先生，有得有失，莫所適從。於是務涉獵於今古，擇其善者而從之，亦未能有定于一也。是某之於經藝，與世之學士異者矣。

其所謂「記實」乃以史記的文體爲目標，旣有異於「華言閎辯，以爭勝於一世者」，亦不採宋明心性之學，而抱持「擇其善者而從之」的態度。雖與時代風尚相遠，却足以匡正世俗之正確的文章觀和學問觀。以故，推崇者乃尊稱之爲「東都二甕」。

甕谷一生知交於當時著名的學者文士。少時爲帆足門生，與熊本木下韓村門下井上毅、竹添井井共稱「木門三才子」。遊學江戶的先輩師友，如羽倉簡堂、安井息軒、重野成齋、芳野金陵等皆爲錚錚人物。息軒三計塾的書生以酷好議論知名，而甕谷周旋於白熱化之議論中，亦得數位知交。其平生交友，以竹添、井上二人感情最摯。竹添之「棧雲峽雨日記」請託甕谷作序；甕谷之「漢譯常山紀談」刊行之際，經竹添介紹而得兪樾爲寫序文。至於井上家，甕谷之子匡四郎以井上毅之養子，繼承井上氏之家業。

「香逸遺稿序」是米澤藩士雲井龍雄維新夢破滅亡身的安魂文章。甕谷經息軒推介而得識雲井，兩人因之相知甚深。其序文曰：

> 余與香逸（雲井）相識，在明治紀元矣。是歲春，余奉使入西都，香逸與飫肥人甲田生前後來見。蓋二人皆學于安井息軒，而余素得與息軒游，是以自初相見，皆披瀝肝膽，纚纚而言，無有所隱。

蓋如同門之誼，氣脈相通而無所憚忌。此時京都與幕府之戰端初啓，世局擾攘。雖無突破現狀之對策，三人且經常議論時事至深夜。不久，甲田病歿，甕谷西歸。香逸以會津戰敗獲罪。翌年，甕谷至東京任大學少博士，香逸夤夜來訪，是時，香逸爲米澤藩重要人物，以會津戰敗而遭通緝。甕谷記二人相見情形，曰：

> 余驚曰：子來何亟也，得無自陷禍乎？香逸笑曰：無傷也。適有勸我入都者，然未可晝間逍遙于市，是以待昏來見耳。余乃置酒與飲。香逸既醉且去。余曰：子得無苦於自瞻乎。倒橐獲三十許金，曰：以充子用可也。香逸欣然，攫金而去，後復往來，常以昏至，相與劇談，必至深

夜而後去。如此者屢矣。已而不復至，適聞其下獄。余過息軒，曰：香逸就囚矣。息軒曰：然。顧彼亦爲國耳，有司自有亮之，未必至橫罹刑辟也。余曰：然哉。又數日遂死矣。

罪名爲叛逆，根據明治元年草定的律令裁定死罪。息軒、甕谷的希望落空。然則，香逸死後未數年，刑法修改，所謂政治犯，即與當政者意見相違，不判死刑。若香逸之事發生在數年後，當不至隕命。雲井龍雄於明治三年底受刑，年二十七。對於草創期之維新政府的形象，無論甕谷、息軒，更不用說果敢的雲井，總以爲和自己的感受不能相合。以故，即使有種種維新興革的構想，也不得不作罷。

三

甕谷漢詩文之代表作，爲前述之「與岡本監輔書」，小品則有直叙人生觀之「徐庶論」。再者，頗值得一提的，尚有中年於熊本時，暢叙喜愛人生的「竹寒沙碧書莊記」，晚年悟道的「紹成講義序」。前者爲熊本壺井川邊築屋的記事。雖西南戰火燒燬，乃其生涯中精神最充沛，經濟最安定之所作，故文有溫潤之感。後者爲漢學家執著信念，率直吐露之作。

初余之釋褐於我肥也，仕微祿薄。又每從朝東都，道塗千里，動以不給爲虞。居家則茅茨采椽，僅取蔽風雨。猶且屢鬻焉而他遷，經六七歲，率無有定居。嘗賦詩以自傷曰：幾回東運復西搬，嘆息孤貧涉世難，猶是庭花紅爛在。明年還欲乞誰看，蓋記實也。既而得宅於壺水之上，廣不過三四畝，宅中樹木疎植，皆蒼翠森蔚，西北隔水，脩竹數千竿。其間人家八九戶。邐迤南轉，以接於高阜。最與冬月觀雪爲宜。竹下淺沙，延袤數十步，水潤潤從沙上過。夏月兒童所游嬉也。門前車馬闐咽，日夜不絕，而一入門則窅然而邃。頗有巖居棲隱之致。余甚樂之，遂名曰竹寒沙碧書莊，取諸老杜詩語也。⑥初至時，廳堂房牢，皆不過數筵，久之稍葺得數十筵。因賦曰：微官未得賦歸田，且葺茅齋四五椽，疊石新修下江路。無由更辨掘頭船，居歲餘，囊底稍覺有所餘。因屬人買一小舟，又賦曰：小園數畝枕潺湲，柳韗松盤映水懸。寄跡微官還不惡，俸餘得辦掘頭船，當是之時。余承乏獄曹掾，日抱簿領，跼蹐於府署，意倦而還。則解衣盤礴，或棹舟上下溯游，與林鳥淵魚，相忘乎水煙縹緲之間，超然樂甚。曰：是足以優游卒歲也。如此者數歲矣，會邊疆弗靖，幕府莫之能制，遂請致政，舉天下復歸於王室。余屢奉使奔走于京輦，無復得暇逸。及天子興學於東都，又謬膺博士選，携家入都。踰歲則免，遽裝束而西，復携家南游延岡，三年而歸，先是，天子令東西諸侯。入居於闕下。州邑皆隸於有司，所以體國經野者。幡然一變，獨林泉景勝，猶爲與曩時無異。余因得剗除榛莽，復安於舊置。曰：庶得以終我生矣，於是杜門掃軌，日以釣漁爲事，無復求於人間也。適少時與事文簡先生者，多聚於東都，以書交勸余曰：將相與修先生之遺教，施之於當世，子獨得無來勠力乎。余得書蹶然曰：有是哉！若拒而不從，吾則不義矣。遂復自長崎泛海而東，數月家人亦至。明年西南之變作，王師禦之於我邑，豫焚近城廬舍數萬以自備。而吾廬蓋蕩然盡矣。余初聞罹災，悵然不能自釋於懷也。既復思曰：燬也者出於人者也，若夫竹寒沙碧之出于天者，未嘗燬也。他日西歸。更因面勢而增築之，且有愈於舊者，何傷之有。雖然，余固數奇矣，未能知得歸而築之否。
則復安得免於首丘之嘆哉，遂爲之記，時觀以自慰焉。

首叙得以安居之樂，復述書莊之幽雅深邃之趣。後以生計稍寬，或徜徉於山林之恬靜，或遨遊於江水之縹緲。頗得田居之樂，故廬舍遭戰火焚燬蕩然，亦能泰然處之。蓋能樂乎天命，故能達觀如此。

至於「紹成書院記」：

學莫先乎擇術，擇術莫急乎濟時。古之君子，知當務之爲急也，是以因時而擇術，欲施之當世；而時或有不我知者。然君子豈得以時之不已知，難於自勤，廢委頹墮而止哉！蓋我師文簡先生之授徒於西海也，自文化文政間，以至嘉永之季。當時天下久無事，年穀屢登，上下方文恬武熙，而先生獨知不虞之不戒也。夙覃思於西學，老而弗懈，著窮理通數十萬言，推陰陽之運、窮事物之變。西人之言，或有非名通者，爬羅抉剔，必得乎正而後已。辰生也晚，得策名先生。先生年且六十，辰與群第子，從受其說。先生嘗曰：汝等非有及今闡吾道，以啓發學者，後且有不堪其憂者矣。又曰：往者英吉利徙其民於米利堅，常賴舟楫之利，轉貨四方以爲生，吾邦之憂，其始于此乎？蓋先生歿，踰年而米利堅人至矣。於是乎朝堂始宵旰，而公侯之尊，至士庶人，皆皇皇焉，罔有寧處，以窮乎今日。顧念先生居常語辰輩者，皆如燭照數計而龜卜。嗚呼！先生之因時而擇術至矣。特以其僻在西陬，天下莫知其道之大，而有足以濟世澤民者也。辰也事先生十有餘歲，及先生見背，西釋褐肥藩。職在吏曹，朝夕奔走道塗，不復得肆力於學者，且廿歲矣。嚮者，天子定鼎於東都，嘗一承乏大學少博士。無幾，解職西歸。自以年齒益頹，無復能爲。獨分伏匿陋巷，優游卒歲而已。是時也，往從先生游者，前後相繼喪亡，而其餘猶有起在仕塗者，有教授自給者，皆稍聚于東都。因趣辰入都者屢矣。今茲二月，辰乃從一二門生而至。居數月，就問業者益進；而舊游之士，亦屢詩酒徵逐于一堂之上。咸曰：文簡先生之講學，意在救天下之憂於未發，今則無及矣。然子能脩先生之道，布諸一世，猶不愈於已乎？嗚呼！先生之道，原之六藝，貫穿百氏，馳騁今古；天文律曆，醫術算數，皆莫不通習。旁修佛老之籍，浸淫乎西人之言，而其要在以窮理之說。翼輔經藝，以濟乎當世之務。蓋其總之博、資之深，常游心物表，邈然與天爲徒，若天顯微闡幽，推往知來。如嚮所舉者，皆不求而獲，不慮而言，蓋有原爾也。嗚呼！先生之於學，其高且邃如此；辰之不肖，安能得舉一二？特以二三君子之輔我，相與因遺範益脩之，施之於我後生小子，得以少報先生，而不負爲昭代之民，亦曰幸矣。於是名學生居業之所，曰昭成書院，幷作之記。

叙述其家尚儒家思想之師承，勗勉弟子勤於窮理致知之效，以濟當世之急務。

四

甕谷晚年既苦於貧困，又不滿社會現狀；支持其生存意志者，唯莊子、楚辭二書而已。以繙閱遺懷，隨記附註而成「莊子考」五卷、「楚辭考四卷」。明治四十至四十三年間，由其子參太郎、匡四郎刻板刊行甕谷手寫「莊子考」，首序「弁言四則」，其與莊子相關者二：

一、先考夙深慨時事，年垂耳順，喜讀莊子及楚辭以遣懷，遂著二書。比過古稀，屢罹疾病，尚呼筆硯，枕上改稿刪字，至易簀手不釋卷。不肖等竊以爲，二考乃先考心血之所傾注也。先考嘗曰：我邦漢學衰廢，莫甚於今日，經史子集，束之高閣，無復顧者，余將携二考，賦禹域游，歷訪碩學鴻儒以相商榷。子弟以其老羸諫止之。居一年許，二考在架，而先考則捐館矣。

二、先考嘗謂不肖等曰：莊子外篇，前修皆論有後人謟撰與攙入，但謟撰之文，尙有可取者，又有不足收者。莊子考以外篇知北遊終，蓋以其以下爲不足收，而舍之也。故今不敢補焉。

蓋謂甕谷至死之前仍述作二考，誠爲其傾注心血之作，故自信能與中國之博學時彥相論辯。其「莊子考」以雜篇庚桑楚篇以下十一篇爲後學謟撰而刪除，但訓詁內、外篇二十二篇而已，乃前所未發之見。雖蘇東坡首疑雜篇之讓王、盜跖、說劍、漁父四篇爲淺陋之人所羼入，王先謙亦以「讓王以下四篇，古今學者多以爲僞作」，其集解莊子，乃以二十九篇刊行。以雜篇爲僞而不註者，則始於甕谷。翻閱「莊子考」，甕谷考辨莊子書謟誤者，誠有迹可尋。蓋莊子內、外篇有如弁言所謂之謟撰而「可取者」和「不足收者」並載之。其「不足收者」，甕谷乃以「」之括號表示之。內篇少有此括號，外篇前半漸多，至後半則增加，由此可見，雜篇蓋全數以「」括之矣。

甕谷究竟採取何種立場注莊？首先，就注疏形式而言，蓋如多數注家，先援引先人注解，後陳述己見，評騭莊子書。玆舉逍遙遊「堯治天下之民，平海內之政，往見四子，藐姑射之山，汾水之陽，窅然喪其天下焉」之注，說明之。

林氏曰：四子旣無名，此正莊子滑稽處，如今人所謂斷頭話。考曰：窅窈通，窅然猶欲然，喪者失也，失其所有天下，猶易所謂喪七鬯。謂堯一見四子，驚其至高，至於失天下，亦與宋人失章甫之貨於越無異。其以堯與宋人並舉，所以抑堯也。汾水，左傳所謂汾澮，在堯故都，此亦以汾水與藐姑射並舉，一虛一實，其弄筆滑稽亦如此。

全書概如此例，先引前人之注，後述己意。前人之注而最常引述者，南宋林希逸之「莊子口義」。林氏口義之注解平易，廣爲江戶時代之學者所閱讀，再以儒、佛解莊，亦較以莊解莊易於理解。甕谷學宗儒家之經世思想，故其注考莊子，乃沿襲蘇東坡以儒解莊，明焦竑「莊子翼」，沈一貫「莊子通」等儒、釋、道相參，究極莊子思想之流衍。

其次就篇章考證及義理疏解而言。甕谷以爲內篇蓋全爲莊子之作。其曰：

蒙叟之書，在內篇爲後人所竄掇者，獨有逍遙遊，惠子吾有大樹章及人間世匠石之齊章、楚狂接輿歌鳳兮章而已，餘皆爲完璧。（駢拇篇）

內篇旣爲莊子所作，則其思想主旨爲何？齊物論篇首論一篇大旨處稱述曰：

考曰：物猶事也。周季儒墨諸家興，皆是我而非彼，爭辯不已。莊生因論駁而解辯之，使人知是非得失之不甚相遠，故名曰齊物之論，非齊物論之不齊云爾也。逍遙遊論人宜隨稟才之大小，安於自處。而非審是非得失之不甚相遠，未有能安於自處者。此齊物之所以繼逍遙遊也。

此注記爲甕谷對莊子理解之主旨所在。蓋以萬物相對而生，唯知是非難決，乃能安住自我之分際。此一疏解，蓋得古來以爲逍遙遊、齊物論二篇爲莊子基本思想之精義。至於安其自處以求人生樂處之最高境界，則於莊周夢蝶章彰顯之。至於「論士君子接於世之道，與隱居高蹈者自異。」（人間世篇首注記）之說，甕谷於人間世篇篇首「顏回見仲尼諸行」章指出：

顏淵與夫子問答，累累至數千言，而其歸在隨物順應，無容心於其間。如此雖與暴人游，可以無速禍，而又能由是得以有所施設。是莊子處世第一方，蓋最得意處。（「吾語若……一宅而寓於不得已則幾矣」注）

「隨物順應」以爲遊於人間世的君臣對應之道，固非隱居出世者之所持說者也。此章之後的「葉公子高將使於齊」章，亦頗有與義蘊相呼應者也。甕谷疏解「故法言曰……何作爲報也，莫若爲致命，此其難者」，引申之曰：

言奉使者宜傳其君所命，不宜用意有所作爲。或欲善其事，傳言之間，稍有所增飾，不免取敗也。余每誦此一段，意甚服莊生熟於慮事，足以爲鑒戒也。

葉公子高奉節出使，頗與己身東西奉使奔走之經歷相合，故甕谷信服莊子之慮事，而有此述懷也。

甕谷以儒家思想自持，故注疏中亦有批評莊子者。蓋援儒入莊，莊子或有背離聖賢之道者，即視之爲異端，而嚴厲地批判之。如應帝王篇「鄭有神巫」章末，甕谷綜括全篇之旨趣而曰：

應帝王之篇而載神巫相壺子，疑若與名篇之意不相稱者。蓋莊生論帝王御天下之道，其要在虛澹待物，務無拂擾其心，而其術貴乎深自秘閉，無使天下之衆，得有窺見於我。故篇首數節，皆述虛澹待物之說。至肩吾見狂接輿，微言不宜有露痕跡，又引老子之言曰：立乎不測，而遊於無有，其下遂舉神巫一節，以爲之證。其意蓋以爲帝王之立乎不測，而遊於無有，令天下之衆，無得窺見於我，亦猶子之於神巫也。夫恬澹虛無爲心，舉天下無復足介意，此僧家所以有取於趙州斬猫也。然其終不免爲慘覈少恩之人，而深自秘閉，使人難於窺見，亦所謂其弊也賊者矣。太史以爲申韓刑名之學，原於道德，彼其會心處，蓋在於此矣。嗚呼，莊生之術，遂爲陰賊之歸，而獲罪於名教，良有以也。

甕谷指摘道家思想之淡薄寡恩，而與申韓刑名之徒的苛刻，有其相通之處，誠爲其深刻的見解。繼而抒發其對現實政治的關懷，由是以知其於儒家思想之執著，即至晚年亦復不渝。

五

山路愛山之「莊子論」一文，其副題爲「讀岡松甕谷先生之莊子考」。⑦乃其於明治四十年春，梅花盛開之際，精讀有感而作者也。愛山首論古典研究者之典型，有注解家和批評家兩類。漢學研究之範疇中，屬批評家者爲伊藤仁齋和荻生徂徠。「甕谷先生爲余首見之注釋家。特別是莊子考一書，大體而言，乃搜羅先生所閱之書，接聞於先輩之訓解，間有先自身之發明等組成者也。故其有益的部份在注解而不在批評。」⑧有鑑於此，愛山「莊子論」乃以注解家之成果爲基礎，進一步地闡明莊子的眞象，達到批評家的境界。換言之，莊子思想的特徵在主張人的天生德性是絕對性地存有，進而以爲具象化之至人、眞人與天地並存，共同支配天地萬物。亦即展開內聖外王之論說。愛山「莊子論」大略地介紹莊子後，再次肯定甕谷「莊子考」注釋之價值。其曰：

甕谷先生於莊子之議論，大抵能掌握其大體，唯細微處則未竟清楚明白，故不免有些缺憾。此蓋先生以處世之教訓，道德之格言注解莊子，乃有此情形。故莊子之言若與自己的思想相合，則贊同而採取之。至於介紹老莊思想之精義者，則先生付之闕如。⑨

愛山乃得甕谷「莊子考」之啓廸而展開其「莊子論」。至於其論甕谷以注解家之觀點，且執著於儒家思想，故不免有其限制性。此一批評是正確的。唯就「莊子考」成書於明治初中期而論，此書宜有極佳之評價。第一，此書之注解極爲平易。第二，捨棄雜篇，固爲其獨特之見解。第三，或謂此書無大發明，實則，如應帝王之論道家虛無恬淡之與法家思想有共通性，誠爲敏銳之見解。由是以觀，「莊子考」之評價固不只在於考據訓詁而已。

「楚辭考」四卷亦爲有特色之作。此書與「莊子考」同爲甕谷之子於明治四十三年刊行。又大正五年，富山房刊行「漢文大系」二十二卷，其「楚辭」卷即收載「楚辭考」之「考曰」部份及王逸、朱熹注以成。關於「楚辭考」，竹治貞夫曰：

本書擷取王注、朱注之長，兼及洪興祖補注、林雲銘之說，「考曰」以下之文，則揭示自己之見解。其主旨在補舊注之不足，考正其訛誤，又避免注解之煩絮。故行文簡潔，持論穩健，爲本書之特色。⑩

「楚辭考」所採錄之文，爲林雲銘「楚辭燈」收載之二十七篇，宋玉「九辯」及淮南小山「招隱士」。亦即與楚辭相關之屈原賦，及上述之二篇，蓋蒐羅無遺。至於此書之最大特色，乃屈原投水說之否定。甕谷論證之根據爲懷沙篇非絕命之辭，考察他篇之詞句，亦能否定水死之說，再者，以屈原之賢，或不至於自殺。其於懷沙篇末之考證，曰：

考曰：此篇名以懷沙，酷與申徒狄負石赴河相似；說者因以爲汨羅沈水之證。然懷王時，三閭就貶，實循沅湘而行；與襄王時就貶異路。余於前後諸篇辯之詳矣。而篇中云：浩浩沅湘，則此篇之作，在于懷王時也明矣。懷王時三閭雖一就貶，無幾復還入郢，以至懷王客死於秦，方經十餘歲及襄王立又貶。而哀郢有九年而不復之言。則爲三閭裁此篇，後二十歲左右事。顧三閭之死，亦當在其後。豈復得以此篇爲臨死所作乎？余嘗謂夷齊餓死於首陽山，三閭死水於汨羅。二者一經太史公記載，遂爲千載鐵案。夫夷齊餓死，始見於莊子；至三閭死水，不知何人所創。蓋好事者推尊三閭，欲使高於萬世，作爲此說，世俗遂相傳稱之。賈生言仄聞屈原兮自湛汨羅。是漢初固已有是說。太史公亦因而筆之於書而已。三閭以淑質卓行，擅學問文章之美。不幸爲讒邪所沮毀，沈淪絕境，以終其世。是固時命使然。在三閭亦無奈之何也。孔子曰：貧與賤是人之所惡也，不以其道得之不去也。孟子亦曰：夭壽不貳，脩身以俟命。君子處己，自當如此而已。若夫局局於一死，欲以爲名高，是小丈夫䟺䟺者所爲。如聶政之流是也。誰謂三閭之賢，而有是行哉。林西仲以三閭沈水爲死諫。以篇中進路北次爲趨汨羅。因以此篇爲絕命之辭。然據哀郢：三閭在貶，方經九年；於是更發奮急自赴水而死。是不過爲病狂者之爲，安在其爲死諫也？且悲回風篇末曰：驟諫君而不聽兮，任重石之何益。是雖因申徒狄爲言，抑三閭亦以自況。則固知死於水之無益也。苟知其無益，復何汲汲於求死之有。果然，惜往日曰：遂自忍而沈流。曰寧溘死而流亡。又曰不畢辭以赴淵兮，惜壅君之不識。漁父辭曰：寧赴湘流葬於江魚之腹中。凡此其言，皆出於憂憤之餘，其實非欲必死於水。而懷沙之名，亦與此同耳。但此篇情隘辭蹙，比之他篇尤爲哀痛切至。此其裁賦時，搆思自如此。亦不得據此以爲絕命之辭也。余故曰三閭死水於汨羅，蓋伊尹負鼎、百里奚飯牛之類，要之齊東野人之言。不足信也。

篇章詞義之考證大抵的確，唯賢人未必自殺之說，則不免主觀太甚，畢竟欲持之以否定史記屈原傳之記事，則缺乏客觀妥當性之根據。此蓋以甕谷執著於儒家積極之信念，故有此欠缺客觀性根據的主張。雖然如此，「楚辭考」爲日本最初最精確之楚辭注釋書。加以甕谷博採愼取，亦不乏有精警之見解。故「漢文大系」擷取「考曰」部份以刊行於世。此書與「莊子考」，並爲甕谷精心之傑作。

據「高田村志」載，甕谷晚年罹患肺病。病篤，一日，細川十洲來訪，贈梅花數枝，甕谷大悅，仰臥病床而吟詩。詩曰：

詞朋贈我一瓶春
數朶瓊英映壁新
自唉衰殘瀕死日
得爲溪上看梅人

時十洲以爲「瀕死」二字不詳，宜刪改；甕谷答爲寫實之作而無改。明治二十八年二月十八日，歿於築地客寓。年七十六。越三日，葬于青山墓地，私謚文靖先生。⑪

【附註】

① 「文靖先生年譜」附載於「甕谷遺稿」之卷首。
② 據年譜所載，此年「秋遊于日出」，則入帆足萬里門下，不在此年。
③ 大塚富吉「帆足萬里先生門下小傳」，昭和四十六年，日出町教育委員會編。
④ 關口隆正「文靖先生行狀」（甕谷遺稿附錄）文。
⑤ 「漢譯常山紀談序」收載於「甕谷遺稿」卷一。「帆足文集序」亦在此卷。
⑥ 「竹寒沙碧」語出「九家集注杜詩」卷二五「將赴成都卓堂途中有作先寄嚴鄭公五首」之二、「竹寒沙碧浣花溪」句。
⑦ 山路愛山選集第三卷所收，昭和三年，萬里閣書房刊行。
⑧ 同上書頁四三一。

⑨ 同上書頁四六四。

⑩ 見竹治貞夫「楚辭研究」（風間書房）頁三五〇。

⑪ 高田村志（大正九年刊）頁一七四。

（後記）町田三郎先生原文於「中國哲學論集」第十三集（一九八七年十月）發表。

島田篁村學問之一斑

今日幾乎沒有人談論篁村島田重禮，以故，其人、其事鮮為人知。雖然如此，一旦接觸日本近代之中國研究，明治期之漢學的課題，則不能忽略島田篁村的存在。畢竟，其經歷幕末昌平黌的助教、東京大學中國哲學講座的主任教授，於學問的傳承和人才的培養有極大的影響。

首先，簡要地記述篁村的生平事蹟。

天保九（一八三八）年，篁村生於武藏（今琦玉縣）的農家，排行第六。舞象之年，十三歲，學於大澤赤城門下。旋即師事海保漁村、安積艮齋，鑽研漢唐古學。二十六歲，入學昌平黌。篁村屢以書少為憾，自此，得償夙願，乃潛心修學，埋首書案，通百家之書。慶應元（一八六五）年，昌平黌教授塩谷宕陰拔擢為助教，時年二十七歲。維新後，明治二（一八六九）年，於東京下谷設立「雙桂精舍」學塾，教育門弟子。時年三十三。明治十（一八七七）年，東京大學（昌平黌的後身）設置和漢文學科，與中村正直等人同任教授。明治十五（一八八二）年，附設「古典講習科」。時彥俊秀，如市村讚次郎、林泰輔、岡田正之、西村天囚等人皆為篁村的弟子。明治十九（一八八六）年，繼中村正直後，任學科主任。時年四十九。明治二十六（一八九三）年，採行講座制，篁村受聘爲中國哲學科第一講座之首任教授。（第二講座之教授爲竹添光鴻）明治三十一（一八九八）年，現職沒，享年六十一。

關於篁村的學問，塩谷時敏所撰篁村的墓誌銘載記著：

先生治經，原乎漢儒，兼採宋清。語子弟曰：兩漢經師，皆有所傳承，宋儒辯義理，綦精綦切。至清人考據，的確詳審，不可移易。合此三者，始可言學矣。

蓋可知篁村爲學之宗尙。安井小太郎亦曰：

（先生）常曰：學貴有統緒。學而無統緒，則不爲記問之學者幾希。訓詁則許鄭，其大宗也。資理義於宋儒，參以清人考據之說。兼三者而聖學始可言耳。（篁村遺文跋）

則漢唐注疏之精密性，宋學論理之思想性、清代考證學之合理性，三者兼而有之，以成就學問的主張，乃是篁村之宗尙所在。

篁村於中國古典之涉獵極爲廣博，漢籍的搜藏亦甚富。於「三禮之學」尤有專攻。且是日本眞正將清代考據學引入以研究經學的第一人。是以，其門弟子服部宇之吉、狩野直喜等，能將其學風於東京、京都大學發揚光大，固非偶然。再者，篁村嫻熟於目錄版本學，舊刊善本之收藏盈室，故其子翰於早歲即著錄刊行「古文舊書考」一書，而享負盛名。惟篁村之著述並不多，僅「篁村遺稿」三卷傳世。雖然如此，亦不妨其於日本漢學研究之地位。茲先簡述其家系：

鈞一（文理科大教授）
穀（夭折）
翰（著「古文舊書考」）
女（夭折）
女
×
塩谷宕陰—○—大野女—（外孫）
×
篁村
安井息軒……○…………安井小太郎（一高教授）
女、繁子
×
服部宇之吉（東大教授、京城大總長）

（注）右圖之「×」表示結婚。

足見其聯姻者皆有家學淵源者，且子嗣亦有學術成就。至於篁村之成就者，塩谷時敏所記之墓誌銘載之甚詳。其曰：

（篁村）嘗檢勘漢土歷代及我朝學統源流，貫穿古今，原原本本、綱舉目張，瞭然如指掌。生徒傳相箚記，綴緝成篇。名曰歷代學案。

實則此所謂篁村之「歷代學案」，乃是綴輯門弟子筆記以成者。關於此點，安井小太郎叙述曰：

欲著歷代學案，以補黃梨洲之未及。研精十餘年，未脫稿。」（篁村遺文跋）

即明確地指出，篁村之「歷代學案」僅止於輯錄筆記之階段，未成定稿。惟由上述二文可知，篁村乃欲補撰黃宗羲「宋元學案」之不足，並盡其所能地著述「日本學案」，只是未完稿而已。

至於日本學案的撰述主旨及其架構，也未必因爲書之未脫稿而全然不知。據「篁村遺稿」所收「與黎蘊齋書」之敍述，篁村乃以學案的方式撰述日本漢學史，且將日本漢學家及其學術成就匹配於中國學者及中國之學術宗尚。

黎蘊齋者，明治十四（一八八一）年至二十三（一八九〇）年駐日公使，影鈔日本所藏舊刊漢籍而刊行「古逸叢書」的黎庶昌。

此信未註記日期，唯開端有首次晤面的客套。其次概括地介紹日本漢學史。由此以知，寫此書簡的時間，或在黎氏抵日不久之際。

書翰之介紹日本漢學，蓋自日本上古之文運始。篁村以爲仁德朝之天智、弘仁及天長朝，漢學最盛。延喜、天曆間各地設立學校，派遣使節至隋、唐，整治典章制度，人才輩出。如清原夏野、菅原道眞的學問，小野篁的文章，都良香的詩賦，皆爲挺出之英才所爲不朽之傑作。此時的學問，經義則恪守漢魏傳注，師法亦嚴。文章重駢體而遵古格。又，三善清行之以封事議論爲主旨，比諸中國，恰如賈誼、晁錯。此日本上代漢學的概略。此時期之後，干戈相繼，學問亦中衰。

及德川氏，藤原惺窩、林羅山之登用，始開朱子學之風氣。唯總體而言，仍屬日本漢學之草昧時代，逮伊藤仁齋出，著述「語孟字義」、「中庸發揮」等書，披瀝獨見，其卓識得與顧炎武、閻若璩比肩。其子東涯論「古今學變」，醇正適確，而所撰「秉燭談」、「盍簪錄」，考證確當，可匹配王應麟。繼仁齋之後，而主盟者，爲荻生徂徠。其好李、王之修辭，高唱秦漢古文，而風行一時。同時之新井白石則屢用日本文抒發其學問致用論。

寬政年間，伊（藤）物（徂徠）之學的流弊爲甚，異說紛起。德川幕府之寬政三博士，即柴野栗山、古賀精里、尾藤二洲倡議獨尊朱子學，箝制異端。一時百家之紛紜雖得以壓抑，學問之水平亦隨而低落。

此後，山本北山、皆川淇園、太田錦城之名爲世人所熟知。尤其是太田錦城於經學的研究更爲秀出。其他，講經義者，有朝川售庵、猪飼敬所、安井息軒、海保漁村。能文者，有賴山陽、佐藤一齋、齊藤拙堂、塩谷宕隱等人爲知名。此元和以降之德川期學問盛衰之趨勢。

篁村「與黎蘊齋書」猶如「日本漢學小史」，所述雖僅及上代及德川期，故宋學之引進、五山之文學活動等事皆闕如，不免有不甚完備之憾。然則此文誠爲日本於「漢學史」研究之嚆矢，固有其學術價值。

深究篁村寫此信的動機：或以爲黎庶昌以日本維新成功，奉派至日本究明實施近代化之進程。然則，近代化的過程中，時人或淡忘、或否定漢學。回顧歷史，展望將來的同時，篁村乃欲徵詢中國學者的見解，期能取得一致的看法。故篁村以學術流變史的方法寫此書翰。

篁村此信予日本儒學極高的評價，如對於伊藤仁齋、東涯父子推崇備至。但是，既是篁村的門弟子，又是其女婿的安井小太郎則有不同的看法：

本邦經術盛衰，與漢土同其轍，而每後於彼或百年或二百年。雖豪傑之士而不能免也。蓋注疏之學盛於平安，及南北朝，洛閩說始入，至元祿、享保之際，仁齋氏徂徠氏倡古學于東西，擊排程朱。而後折衷、考證二家出，以至今日矣。平安則姑不論焉，洛閩之入在元大德之後，仁齋徂徠雖其說各異，不能脫明儒之餘習則同矣。折衷、考證則剿說焉耳，雷同焉耳。夷考之，皆不過襲漢土之舊說，追其後塵。（篁村遺文跋）

日本之學問固遲於中國，且多模倣。此論非獨安井小太郎爲然，「先師夙有概乎此」（同上）。以故，「欲著歷代學案以補黃梨洲之所未及，研精十餘年」，始終是「未脫稿」。

篁村深切地體認到德川中、末期以來，日本漢學呈現總體性落後的現象，故指出寬政以降學問中衰。有此自覺，篁村乃傾向於實證、合理的清代考證學之鑽研。至於「與黎蘊齋書」之所以盡其所能地予日本漢學較高的評價，且詳細記述者，或基於寬政中衰的反省與學術宗尙的自覺。是故指出日本自身的漢學發展及先儒的研究成果自有其地位，甚且得與中國學者比肩齊軀。

「與黎蘊齋書」之篇幅不長，由此而引申議論似乎也不易。如漢學史的研究，於篁村之後，有久保天隨，安井小太郎承繼著。而二人的研究，乃以中國文化之輸入、消化轉益的次序，精詳的介紹而已。其於仁齋、徂徠，則有甚高的評價。蓋以漢學發展史的觀點看，此乃必然之事。再者，其研究的觀點，日本儒學、漢學之特色上，其他足以自豪者爲何，則全然未探究及之。是知，或有某些侷限待突破，其所研究者，顯而易見地，乃繼承篁村的見解。亦即若欲明確地提出新的觀點，猶需有更多的時間，作更深入的研究。

（後記）本文爲町田三郎先生於第四屆國際域外漢籍會議（一九八九年七月、美國、夏威夷）發表者。

楠本碩水與清朝長崎領事余元眉

一

余瓗字和介，號元眉，別號乾耀。生卒年不詳。明治十（即光緒三、一八七七）年，以首任駐日公使何如璋的隨員至日本。明治十三（光緒六、一八八〇）年至明治十八（光緒十一、一八八五）年的六年間，以首任駐日長崎領事（時稱理事），駐在長崎。領事館在長崎大浦七番地，（後改爲三番地）。

此時之亞洲局勢，乃以朝鮮半島爲重心。蘇俄之南下，英法之介入中國，清朝在朝鮮宗主權的強調，日本鼓吹朝鮮獨立運動，明治十七（光緒十、一八八四）年的京城事變，即甲申事變，皆爲是時的大事。歐美列強的軍艦航行東方，恫愒軍力薄弱的諸國，以窺伺中國及朝鮮之便利計，長崎是絕佳的軍事基地。以故各國船艦出入，長崎便成爲知悉各國情報的中心。余元眉的任務，即將在長崎所獲得的最新情報，轉送給北洋大臣李鴻章及上級官廳。

關於余元眉來日前的經歷並不甚明晰，只知道其思想屬陽明學。蓋光緒七（一八八一）年四月十九日北洋大臣李鴻章的書翰，記載著：「中書少慕陽明先生之爲人」（輶軒抗議上）。且楠本碩水「送余元眉歸清國序」亦敘述其學統乃繼陽明學派湯潛庵之後。

明治十年，主宰佐世保郊外針尾村鳳鳴書院之楠本碩水，①是何機緣與余元眉相識而至相知，據說是經人介紹而熟識余元眉。介紹者或住在長崎的碩水的仲兄節齊；或詩人西道仙、岡田嘯雲。確實與否，則不得而知。不過，碩水最先相識的中國人，確是余元眉無疑。時，明治十三年，碩水四十九歲，已是知名的漢學大家，在針尾村的鳳鳴書院亦有盛名。故碩水頗爲自負。雖然如此，亦甚以無識交有學問的中國人，與之切磋琢磨爲憾事。此終日縈繞於胸中的憾事，可由其與元眉深交的情形推知一二。其後，碩水的弟子岡幸七郎居住上海而知交甚多中國友人，如俞樾、王闓運，也是因爲余元眉的推介，才有此機緣的。

關於碩水和余元眉的交往，「碩水先生日記」②有如下的記載：

明治十三年

二月二十一日至長崎，訪清國理事官余瓗。……二十四日訪余瓗。

明治十四年

十月二日發針尾至長崎……三日訪余元眉。歸，路過岡田嘯雲。午後，元眉招飲于寶亭。清國江蘇省人李仲敏、江少谷、孫仲耕、強少逸、何壽明、及梁煒煌，外書記二名、中林梧竹來會。三日訪乾堂小曾根榮。又訪元眉。……五日元眉來訪。梁煒煌、及梧竹從焉。六日發長崎至時津。

明治十七年

九月二十六日遊長崎。二十八日訪余元眉。二十九日訪縣令石田英吉，午後元眉招飲。

明治十八年

正月六日余元眉來訪，孫子威從。一宿而去。

碩水的日記，爲明治十六（光緒九、一八八三）年至二十（光緒十三、一八八七）年間的記述。或正値鳳鳴書院的全盛期，事務繁忙之故，日記的記述非常簡略。唯就在此時，碩水知交余元眉。百忙之中，數度往來長崎、針尾，而相得於學問的切磋，詩文的交談，極盡其平生之歡悅。此種感受，不僅碩水一人有之，余元眉亦有得異鄉知己的感懷。故余元眉於明治十八年離日之際，特別由其孫之陪伴，至針尾的碩水家住一宿，然後返回中國。

以同爲陽明學之研究，碩水介紹其友人東澤瀉與余元眉認識。今東澤瀉全集有「答余元眉書」③一文，記述著：

余君元眉先生座下：頃辱高翰，禮恭誼高，感悚交至。前此因楠本吉甫，得詳君之學宗。大抵兼用朱王，以湯文正公爲標也。某嘗謂：貴邦大儒雖不少，其明體適用，可比宋五子明四從祀諸公者，獨湯夫子一人而已。如陸三魚恐不與焉。某之所以深欽嚮君也。承得讀拙著證心錄，許以躬行自得云云。何幸！何幸！某少志王文成之學，雖未有所得，用力亦久。及謫海島，在囹圄中，聚舊著，以成是書。方今西學日熾，經史殆束諸高閣。程朱之學不過楠本兄弟數人而已。至王學，實然一人。將藏諸山中以待千載。而今忽入先生之覽褒頌之語。雖不敢當，由此吾志益固。何日得一至崎陽，傾倒鄙懷乎?家貧事多，童課倥傯，雲山萬里，空附悵恨。別封所惠親墨一幅，沈實重厚，發神韵於筆外，無一點浮虛之氣，對此恍如接音容，亦足以慰萬一。謹謝。匆匆布字奉酬，併述所志，以爲受教之地。不乙。

澤瀉復函感謝余元眉於其所著「證心錄」一書的褒獎，並乞余氏爲之作序。乞序之事又見於余氏於明治十五年八月二十日寄給碩水的信。由此信以推，澤瀉的回信當在八月二十日以前。至於信中品騭中、日研究朱子、陽明學者的高下，雖不免嚴厲，唯就當時學者的書翰而言，這種程度的品評，是很平常的。

碩水和余元眉之交往，其最初可見的文獻是「碩水詩草」上卷④所載余元眉的評注⑤。如歲晚詩：

來來去去鬧門前
競利人心舉世然
無事獨憐多病客
滿城風雨餘殘年

余元眉於上欄眉批處，評曰：「二十八字全乎浩氣流行」。又「早春雜詩」，評曰：

音韻堅凝，篇章肅括，借物感興，意曲而達，神與古會，漢魏之風。

萬物靜觀皆自得，春在先生杖履中。

又「自警」詩，余元眉評曰：「如讀張子西銘」。

「碩水詩草」有上、下二卷。卷上之首有碩水自序，蓋於明治八年十二月，收集少小以來所作數卷詩，編輯成卷。唯碩水與余元眉之交往，在明治十三年二月至十八年正月間，則余氏之評語，必在此五年間所加者。即碩水於明治八年自序所作詩文，後與余元眉相知，乃示自作詩文，並乞余氏評注。其後，於明治三十六年印行其定稿。至於下卷所載，明治三十年的並木正韶之序及評注，則是余元眉離日後的作品集。

現在九州大學圖書館藏有二十六封余元眉寄給碩水的信。透過這二十六封信，可以瞭解二人交往的情形。碩水希望從體驗中國正統教育的余元眉處，得到眞正的中國的知識⑥。而余元眉希望從日本的知識人楠本碩水處，瞭解日本的歷史、文化及自己所關心陽明學，其在日本研究的狀況。如明治十三年三月十一日，余元眉從碩水處，借到了「先哲叢談」四册、「先哲叢談後編」四册、「先哲叢談年表」一册、「徂徠集」全一册、「山崎闇齋年譜」一册、「先達遺事」一册、「愛日樓文詩」四册、墓碣銘一篇附「言志錄」一册。（見書翰目錄，第二一二七號），其他書簡亦載見經常借書的事。余元眉眞正地吸收了日本的知識。在碩水方面，則常感自己的資料不足，雖不無單向溝通的遺憾，但兩人皆以眞誠相待，碩水之心滿意足蓋可推知。碩水之對待余元眉，絲毫也不輕率馬虎，只有眞摯的敬愛之忱。故碩水在送別之辭中，將余元眉比擬爲黃宗羲，以示其敬意。「碩水先生遺書」卷五載記，明治十八年，余元眉領事官任期屆滿，離開長崎歸返中國，碩水送別之文。

送余元眉歸清國序

昔者我朝與隋唐相通，禮樂文物，多倣彼制，及元祖滅宋，餘威所加，遂致干戈，至織田信長，豐臣秀吉之時，外夷開市，稍弘邪教，因峻絕而嚴禁之，而餘類之未斷也，德川氏承其後，終定鎖國之計矣，隋唐邈矣，來往使臣，人物學問，莫得而詳，降至宋元以下，則未聞賢者之至於斯也。當朱明之末，黃梨洲嘗一來長崎，不得志而去，其他則不過避亂來投者，與商賈逐利之徒而已，今上即位，各國交通，使臣來往，非復曩時之比也。於是清國大使何、張諸君，來在東京，庚辰之春，予遊長崎，始見理事余元眉，蓋隨何、張而東者也，其學尸祝湯潛庵，以良心爲本領，以擴充爲工夫，深切著明，固非俗儒之流。予初以爲彭訪濂復出；既而思之，其簡易直截，過訪濂遠矣，予於是有甚感焉。夫當清初，北有孫夏峰、南有黃梨洲、西有李二曲，天下稱爲三大儒，而潛庵實出於夏峰之門，與陸稼書竝立，冠冕一時，今元眉一言一行，師法潛庵，則見元眉猶接潛庵，而遇夏峰，然則梨洲之來長崎也，雖未有相見者，亦猶見其人歟？豈非學者之大幸哉？今茲乙酉初春，元眉將歸其國，遠來告別，因一言以送之。曰：夫學之道明於堯舜，成於孔孟，傳於程朱而語其要，則在致知、力行之二焉耳。曰惟精惟一，曰博文約禮，曰格致誠正修曰學問思辨行，曰居敬窮理，先聖後聖，其揆一也。後人弗察，舍彼取此，妄生異議以迷惑天下，可勝歎哉？如何、張諸君，予未知其果爲如何，顧能與於此者，惟在吾元眉耶。此乃所以不能無望於元眉也。抑夫兩朝既以和好爲主，則禮樂文物，雖不必若倣隋唐，然決不可至元祖之致干戈也。吾輩亦以學問爲主，則朱王異同，雖不必辨論，然決不可至世俗之陷邪教也，要之皆在以禮讓相交，能全始終而已矣。

碩水始終以學者對待余元眉，元眉亦以此相應。（後之書翰可見之）唯余元眉有其另一面。即與其職責有關，代表清朝的外交官。當時中國最急迫的外交問題，在密切注視蘇俄的動向，及持續擁有朝鮮的宗主權。余元眉的主張與當時駐日書記官黃遵憲的朝鮮策略相同。即勸誘朝鮮「聯美親清」，牽制蘇俄和日本的路線。亦即極爲現實的政策。余元眉駐在長崎國際港，時時提出稟議書，後成「輶軒抗議」上、下卷⑦，前有黎庶昌的序文，於光緒二十（一八九四）年刊行。在此之前，於光緒六（一八八〇）年，即長崎駐在的初年，其上北洋大臣李鴻章書，極關切蘇俄的動向，至於日本，但順筆提及而已。茲記此文於后：

光緒六年七月初四日稟覆　北洋大臣李

敬稟者，俄艦續來者，六月內，僅到得鐵甲船一艘，名皮厘士頗詐士幾。此船尚不及美甯之大，本港新聞紙言，該船四千三百噸，有新式大砲十門。蓋美甯有五千噸，食水計英尺二十二尺有奇。中書前函似寫三千噸，係一時筆誤。現察西官議論，咸謂俄廷，添派此大船，實爲防英起見，與中國並無開戰之心。昨接神戶理事署繙譯官張宗良來函，詳述西洋日報，極言俄方擁大兵，往征中亞細亞，援阿富汗直逼印度，已佔踞馬父地方，將與英爲難，斷不暇出無名之師與我啓釁等話，其言與西官相仿，即俄之水師提督去年曾與中書相識，今又照舊往來，提督持重老

成。雖深沉不露，然其左右之刺刺不休者，每在於英國阿富汗一事，而於中國絕未嘗稍挾嫌疑，

前月二十八日，恭逢

皇帝萬壽聖誕，中書遍告當港領事，並俄提督、美總兵、屆期設筵慶叙。而俄提督加禮致敬，實出非常。是日俄提督，商諸美總兵午前八點鐘各坐駕船及大鐵甲船，皆升龍旗，午正皆燃砲二十一響，日本砲臺，見之亦因之，如禮燃砲，實爲創舉。華西商人，懽然大悅。俄提督、帶同參贊官，各穿朝服佩刀，登堂祝賀，先行三鞠躬禮，然後向中書致詞曰：恭賀

貴國

大皇帝萬壽無疆，可謂盡禮之至矣。觀於此事，似無所用其假僞。然是日別港俄艦，亦未有如此示敬者。美總兵亦謂，是日情形，足覘中俄大局也。知關厪注，敢以附陳。

（輶軒抗議　卷上）

當時蘇俄之南下，對中國造成甚大的威脅。因此，一切可能與之發生的磨擦，將盡力避免。余元眉上達李鴻章知聞者，亦僅顧及此點而已。至於「輶軒抗議」上、下卷，則將是時極東的一個焦點，即注視朝鮮半島的情勢，且把在長崎所知聞的最新的國際政治情報傳達回中國，並掌握此一契機，爲中國脫胎換骨，成爲近代化國家貢獻自己的方策。此余元眉的本務職責，或爲碩水所不知悉的一面。

余元眉離日前，由其孫伴隨至針尾住一宿，想當時其既已年邁。此後九年，即光緒二十年印行「輶軒抗議」，並自序其書，則在一八九四年。之後，有關余元眉的事，則不得而知了。即便與之知交

的日本友人楠本碩水，其日記記載至其沒之年，大正五（一九一六）年。其中有關余元眉離日後的載記，僅余氏離日之年，明治十八年的秋天，有來自廣東安著的一封信而已。其後音訊完全斷絕。

二

今九州大學所藏余元眉與碩水的書翰，以頗有助於瞭解二人交誼情形，且可知悉余元眉受容於日本歷史、文化及日本漢學之概梗。特考證其先後順序，摘錄於次。

(1)碩水先生足下，五月朔日，及六月望日，先後兩次來翰，並寄到古本大學臆議等書，又還東塾讀書記，均已收領。荷蒙獎借逾常，愧不可當。璘於朱程陸王之說，亦曾稍涉藩籬。其中議論旨趣各有異同，愧未能盡衷一是，然亦不敢出奴入主，執己見以肆浮言，多見其不知量也。比來交際百端，凡所見聞，多爲朱王兩先生所未道及而施行之事，無日無之，祇得返求諸心，奉我孔子行己有恥一言，以爲根本。而以孟子強恕二字爲用，日省吾躬，思盡其道而未能，如斯而已。爰暇毀薄前賢哉？仍祈賜教，不盡。

清國光緒六年九月望日，余璘頓首

前月由北京友人寄到黃勉齋集一部，茲付送晉收爲禱。尊單目錄所開各書俟購到續寄。又及。

（書翰目錄，第二一一二號）

（注）月日之記述，全爲舊曆。

⑵碩水先生閣下，自去秋至今春，疊接手書佳詠，知深情遠注。再三循誦，感洌靡涯。來示謂：近日邦交往往待人以法，而禮讓轉輕。此足見先生靜觀物情，而得其癥結之所在也。僕撫有商人數百，庸庸者多擾，殊無一日之間，讀書更不得專功，不過略觀大意而已。尊處借來書籍，以致遲遲久未珍復，抱歉良多，茲作額字直幅字共十一幅，先交郵便局遞去，請爲笑納，內有八幅，係貴門人所囑者，統祈分致爲禱，僕歸國之期，尙未定，前蒙借各種異書，容日送還，專此，即問道安。

僕余瓗頓首　辛巳華二月初六日

（書翰目錄，第二一〇三號）

（注）辛巳爲光緒七（明治十四，西元一八八一）年。

⑶碩水先生足下，上元日，在長崎得奉手教，聆悉先生高情，戀戀不忘於擕者，爲可感也，蒙賜示佳畫一幀、筆意怳如米老雲山，蓋係東崇一先生之所賜，不勝謝謝，瓗久欲作書具答，祇因俗冗匆迫，以致延遲，殊歉於心，茲因高弟奧田・涼木二子來崎，蒙其過訪，瓗得詢悉先生起居，近來伯仲叔季，共作塤篪之樂，眞堪健羨，瓗以任滿應回國，唯黎星使抵駐東京後，舊任各員交卸，獨留瓗仍在長崎接前任，謂平日能聯諸國之歡，而洽中東之好也，知關注念，謹以報聞，順送上額面字四幅，祈查收，捧取去留爲望，另近日留任詩一章，錄呈教正

余瓗再拜

華曆三月朔日

（書翰目錄，第二一一九號）

（注）碩水之兄端山健在，且余元眉在長崎任領事，則此信宜在明治辛巳十四年。黎星使即黎庶昌。

(4)敬啓者，現值我大行慈安皇太后，仙馭昇。自本月十八日在長崎驚聞之日起至四月十五日止，其中二十七日間，僕遵奉國制，應穿素服，不宴會往來，書函用藍印色，計回國之期，尚須滿百日後，方能乞請也，茲有端山先生記文一首，附致尊處，乞爲轉遞，是望。

余璘又頓首

（書翰目錄，第二一〇八號A）

（注）此信未注明日期；唯與下一函同在一信封中，且箋文內容近似，宜在明治十四年中書寫者也。

(5)二月念五日，接春分後四日手書，殷勤和藹之意，讀之如坐春風中也，非有道者，安能及此，承獎拙書，謂深得董太史筆意，兼出入於米海嶽。此語，僕誠不敢當。惟絕無詭媚修飾之態，則僕之素心本色，原欲如是，故見於書，或者近之。但僕學識空疏，何足以語古人入德之門，與先賢敎人之法，而足下不棄，屢蒙闡示，何幸如之。敢不即其平日之所見，以質證於高明？僕前書所論，以人治人者，是洪範沈潛剛克，高明柔克之謂。乃立人達人之方也。若大學所言，有諸己而后求諸人，豈是之謂哉？夫孔子之道，一而已矣。其事始於立己，而其功極於無我。故一堂問答之間，萬變而不窮，無他，因物付物也。論語問仁問孝者多矣，而夫子告之各有不同。冉有問：聞斯行之。子曰：聞斯行之。子路問：聞斯行之。則曰：有父兄在如之何其聞斯行之？是所謂以人治人也。莫非道也。學者苟深觀而自得焉，則朱王聚訟之徒，可以廢然思反。孟子曰：觀於海者難爲水，游于聖人之門者難爲言。知其說者，固無往而不達也。何礙之有？承惠借明徵錄及近世叢語兩種，博我見聞，不勝感謝。僕歸期未定，如獲再瞻顏色，深慰所懷。幸甚冀甚。專此，附候起居。不宣。碩水先生足下。

辛巳三月廿八日　余瓗頓首

（書翰目錄，第二一〇八號B）

⑹碩水先生閣下，今午趨聆麈誨，深慰鄙懷。座中並晤貴門人，各具英姿，衷乎規矩，足見先生之訓裁有方也。佩感無量。大著律句，如已訂酌精當，務望賜揮一兩紙，並栽松館之作，一併寄來，以爲懸之座右，如長相見也。謝謝，僕更有和韻詩，遲日寫就亦即寄，乞指教。茲送上青梅酒一瓶、雞蛋糕一盒，皆敝地產物，祈查收，聊爲伯母太夫人之奉。區區不腆，即希哂存。前蒙借觀各種書籍，僕得拜覽，今除仍留覽之各種外，先送還十二種，裝箱列單送還。到祈查收。專泐，敬候道安。不備。

佐佐澄治兄暨諸貴門人覽兄均候

余瓗頓首十月初六日

（注）此信未記日期。唯此時有送還書籍之目錄的信，是在光緒七（明治十四）年十月寫的，則此信當與之同時，或在前後。

(7)今將送還書籍各種開列于後：

計開

一洪範全書　五本
一先哲叢談　共八本
一先哲叢談年表　一本
一狼疐集　三本
一易學啓蒙　貳本
一易經本義　五本
一朱易衍義　三本
一先達遺書　一本
一蓍卦考誤　一本
一蒙齋先生隨筆　一本
一鳩巢集前後編　共廿五本

一文會筆錄　共廿六本

以上各書籍，共裝八竹箱之內，祈照單查收。此外未送還者，另有數種，遲日再爲返璧。

碩水先生閣下　　余瓗頓首

清國光緒七年十月初六日　　（書翰目錄，第二一一六號）

⑻碩水先生足下，前日台從發程返里，弟以匆匆羈絆，未及趨送行旌，至以爲缺。承惠借各種書籍，弟久假不歸，幾與劉備借荊州同一笑談。前日檢取送還之時，偶忘記某幾種，係爲見贈之書，是以一併珍復，乃蒙先生摘出。前時見許之文會筆錄其他共六部，仍留付佐佐兄處，轉致到來，已一一拜收，謝謝。得以饜飫山崎先生之經訓，何幸如之！茲有懇者，前承借觀之鳩巢集，及現留覽之愛日樓文詩，固屬雄快雋逸，卓然各成一家言。弟尤喜蒲生氏之著作，肅括之中，有浩氣流行。其文乃忠義之慨所結而成，詢爲諸公之特出者也。即其所陳三策：尊皇室、富諸候、而樂百姓者，當彼時，誠爲貴國之要略，惜未能見之施行也。又所撰九志，皆國史緊要絕無僅有之作，既蒙惠賜職官志，不勝感謝。此外山陵等志，未知已有刊本可購否？又如新井氏之藩翰譜，中井氏逸史，又日本書紀，及續日本後紀，文德實錄，三代實錄等書，尊處可有借觀否？均乞示知。切盼。天氣寒暖不時，伏希爲道自重。

余璿頓首　華曆十月初十日

（書翰目錄，第二一二五號A）

⑼敬再啓者：又如大橋訥菴先生所撰元寇紀略一書，如尊處有之，亦望賜借一覽。爲懇。

余璿又頓首

（書翰目錄，第二一二五號B）

（注）⑻、⑼爲同日之信，⑼者蓋爲「又及」者。⑺處所歸還之「文會筆錄」蓋碩水所贈，誤奉還者也。辛巳，即明治十四年。

⑽收證：

一書紙　壹函　一律句　貳幅

一建保大記　貳本　一元寇紀略　壹部

一朱子行狀　壹本　一講學鞭策錄　壹本

一日本書紀　十五本　一日本書紀通證　廿三本

右正二落手候也

清國光緒七年小寒第貳日余璿在大浦謹領

日本平戸針尾島　楠本謙三郎先生足下

（書翰目錄，第二一一一號）

（注）小寒第二日，即信封背面所記之十一月十七日。⑼所乞借之「元寇紀略」，碩水甚快寄達。

⑾碩水先生足下，小陽六日拜晤尊顏，別後渺隔滄波，徒勞悵望。所堪慰藉者，在魚雁之頻通耳。十一月十七日，得接冬至前二日手翰一函並惠佳詩律句二章，和藹之音，怳如春風入坐。另寄贈梁煒煌詩字，當即轉付他收，感領隆情，不勝謝謝。祇因糾纏俗冗，以致裁答稽遲。復於十二月十七日，又接立春前四日來書，詢及唐昭陵碑內所記曜肝等名。係與郭氏子儀八子相同，皆勤詢無差錯。蓋唐之功臣，陪祖宗陵寢，功臣之夫人，亦陪葬於皇后陵寢，故其中陪葬者，皆有碑文，以表其世家。查昭陵碑之行於世，爲書家所稱道者，有十餘種，此其一也。但爲何人之書，則考古者，早已闕如，莫詳其姓氏；或以爲蘇靈芝所書，亦甚似之。日本書紀及書紀通證，若在先生處，容易再購，則請將原價示知，僕當如數奉還；若不易購，僕亦不敢借等荊州也。承示，購求吳、羅、顧三先生文集遺書，一俟僕抵北京時，當尋覓。如有購獲，即行寄東可也。僕假歸之期，現仍未定。因未有代理人來也。俟有定期，再行報達。

余瓗拜賀

新禧

華曆十二月廿七日

（書翰目錄，第二一二三號）

（注）此信未記年，或繼⑼而寫者也。

⑿碩水先生足下，前接惠書，敬聆一切。外並東崇一先生答書，均得拜悉。祇因匆匆俗冗，不曾

報命，抱歉奚如？崇一先生證心錄，欲余作叙，亦未有以答之。統俟稍暇，欲作一篇，僕名亦附驥尾而益彰也。何幸如之！近日要勾當署務。將有回國三個月，再行來崎暫別台候，伏惟萬福

余瓗頓首

八月廿日

（書翰目錄，第二一一三號）

（注）東崇一之答書，指前揭，東澤瀉「答余元眉書」。此未記年，而考之下(1)之信，此信蓋在明治壬午十五年所寫者，可知也。

⒀碩水先生閣下，曩於八月間，攜有歸國引見之事，曾具函布聞。九月中旬，抵我北京，匆匆三十餘日，親朋都有未獲徧晤者。公事告畢，即復來東，前月杪到長崎矣。但在北京時，欲為先生尋幾種舊書，也未買得。僅囑敝年友鍾翰林德祥君，作額一幅，聊以持贈。外並拙作七律一首，略寄所懷，奉呈教正。伏希為道自重。

余瓗頓首　壬午十二月立春日

（書翰目錄，第二一一八號）

⒁碩水先生足下，去冬瓗從北京返駐長崎，曾泐函奉聞。外並敝友鍾太史德祥書額面一幅，又拙作七律一首，拜託佐佐澄治兄加封，寄呈台端。至今未獲先生回函，未識前件有登尊覽否？昨日井上寅之介兄來，將返平戶，今再錄前寄去拙句，內改正者數字，並附抄絕句送別詩一首，

均乞教之。

余璜頓首　癸未二月初十日

（書翰目錄，第二一七號）

⒂敬再啓者，寄將書箋貳、匣一，奉送足下笑納，一求轉寄端翁先生。前日留存紙張共八幅。茲已塗就奉還，祈查收，分交貴門人諸君。爲感。隨風錄一本附繳。

碩水先生梧右　余璜再啓（印）

（書翰目錄，第二二二號）

（注）「留存紙張共八幅」之右，原有「另鶴田貞兄送來一幅」字。余璜署名下，蓋「元眉」印者，唯此信一封而已。此信不明月日，然爲端山在世時之信，故置於此。

⒃癸未二月廿六日，接楠本碩水先生來書，訃其伯兄端山先生遽歸道山，賦絕句二章却寄：昨夜星辰墜有聲，悲傷手紙故人情，莫愁雁斷無消息，洛水於今有二程。

未瞻顏色久知音，太息風流忽已沈，欲把生芻將素悃，郵書寄走一圓金

附金一圓以當楮敬

余璜頓首　二月廿八日

（書翰目錄，第二二六號）

（注）端山死於明治十六年二月十日，年五十六。

⒄碩水先生足下，前月奉手書，遠承慰問，意至厚也。僕去秋當先嚴大故，悲深陟岵，抱憾終天，所愧多矣。乃以本港交涉要案致奉簡書敦速。國家以大義奪情，固辭再三，不獲所請；遂於正月復回崎任。勉同地方官善爲區處，港事漸臻和平；仍欲乞假回籍，至今未能如願。至以爲歉，實爲知已羞。貴門人佐佐澄治兄，時常禮意周到，可感。敬復。

並祝道體安泰

僕制余瓗頓首　華曆潤五月初二日

（書翰目錄，第二一一〇號）

（注）此信未記年，而明治甲申，則是十七年。

⒅伯子先生墓誌銘，叙次詳明，能言其大。誌中撰述各節，原原本本。惟難弟足知難兄，既非摭拾浮詞，斷無諛墓之誚矣。祇有，銘詞中兩言，曰陰陽合德，至誠感神，非聖人其誰能之。然唐人碑碣中亦往有此。如何望加酌裁，瓗亦不敢自信其言之果當也。

甲申七月余瓗拜觀於崎陽鎮海樓

（書翰目錄，第二一二四號）

（注）余元眉於端山墓誌銘以爲，「兩言曰」以下刪除爲宜。箋文頗婉轉。又封套寫有「外抄物二册，拙書横額一枚，即四時佳興園五字」。

⒆碩水先生閣下，久闊塵談，彌殷渴慕。自華曆四月十八日接奉手敎，蒙預賜送別序文一首；鴻論宏議，出以肫誠。將來僕携至北京，偏示好友，實足增行李之光。外另承惠書籍二函，又佐

藤一齋先生眞蹟、三條公和歌各寶物，如此隆情稠疊，拜登之下，銘感靡涯。僕亟思早日具答，但欲得知，僕何日歸國定期，方可報命。守候至于今日，尚未克定歸期。俗冗如塵，諸懃疎闊。僕已致書北京友人，請作字數幅。俟其寄來，當以轉贈。僕現暫行撥冗，爲往熊本及筑前等處內地一遊，欲順詣貴山莊再瞻道範。未審免狀期限內行程，可以相成否？其他俟歸國之日，詳細布及。先此，復候起居皆安。

僕余瓗頓首　華八月初九日

（書翰目錄，第二一〇九號）

（注）歸國之期清晰可考。此「送別序文」則指碩水所作「送余元眉歸清國序」（前載錄）。又「北京友人」之右側寫有「拙書另作」字。

⑳楠本三先生足下，前日貴門人中川氏來見，蒙先生着令携送玉照一枚。拜領之餘，如覩斗山道貌；瀟湘竹管，亦與杖履相追隨。何幸如之！邇者瓗向我新任公使告歸已允准，行將返旆南越，守先君之墓一年，再向北京，供職侍讀。現正交代，俟公事完竣，欲於本月內覓三日之間，造廬拜訪；但尚未定准何日也。肅具敬候。

余瓗頓首　華十二月十四日

（書翰目錄，第二一二八號）

（注）「楠本三先生」爲「楠本謙三郎先生」之略。此信爲余元眉敍述其歸國前，擬至針尾村話

別之意。據「碩水日記」所記，余元眉訪碩水，在明治十八年正月六日。

(21)碩水先生足下，前日辱尊書，知貴門人濱本千之兄，已返琴高灣，並復命於先生代達，鄙人不盡之言，幸蒙慨諾，速將文章正宗書籍全部，即付蒸汽船問屋送到長崎。接覽之餘，不勝感謝。瓗再思之：現時敝國官立刻書局，因去年與法國戰爭，暫停書局印刷事務，須俟罷戰後方能發刻。瓗恐此時携歸，或耽閣時日，致勞先生，盼望，不如俟回里後，查明何時再准刻書，然後寄信到長崎，我國理事官，請其轉寄尊府，取書寄來，更爲兩便，茲將原書一箱，送交郵便轉寄，到祈查收。弟準以明日發程回粤，俟抵粤後，再行通信。希惟珍重萬千。專此，布復，敬候。

弟余瓗頓首　正月廿四日

（書翰目錄，第二一一四號）

（注）此信所記，「明日」即出發，則告別碩水之後，仍有近旬月之牽延，乃歸返中國。

(22)碩水先生足下，本日由郵便遞去蕪函一封。其書籍不能付郵局，當即轉付長崎運送會社轉送，先生收入。今將該分社所出證據附入函內，到請查收。倚裝匆匆，不盡欲言；惟祝先生玉體壯健保養，並候濱本千之兄同福平安。專此，布達，惟昭不宣。

弟余瓗頓首　正月廿八日

（書翰目錄，第二一二九號）

（注）同一封信附有長崎運送公司之受取日期，爲明治十八年三月十日。此日期爲新曆。

(23)碩水先生文几，握別歸來，倏逾半載。廻憶春孟，訪先生於江下，依依情緒，如在目前。比及返崎乃蒙淳命濱本千之兄遠送。濱本奉命惟謹，可敬可感。瓗於二月安抵廣東，恰値清明，省視祖墓。又各處親朋，往來肆應。五月廣東大水，官紳籌賑，公私冗忙；以此久缺音書，寸心抱愧。六月獲接詩筒，展誦再三，其風肆好，曷勝銘佩。弟在籍大小各皆平安。乾隆御批通鑑，現已有好板者。屏風書畫，亦經分乞友人，俟寫齊，當謀寄將可也。秋風乍涼，尚祈珍重自愛。

余瓗頓首　華八月廿六日

（書翰目錄，第二一一五號）

（注）此信爲現存余元眉寄給碩水的最後一封信。爲回廣東後所寫者。封套背面有「廣東西關寶慶坊槐音書屋余寓，乙酉八月廿六日」。

現存信函中，另有余元眉邀請碩水飲茶（第二一二〇號）、書信、書紙之收證（目錄第二一〇七號）等，省略不載。

【附　註】

① 關於楠本碩水，有岡田武彥等編「楠本端山、碩全集」全一卷（葦書房）、藤村禪著「楠本碩水傳」（藝文堂），請參照。

② 載見楠本全集。

③ 見「澤瀉先生全集」所收「澤瀉文約」頁八七九。

④ 載見楠本全集。

⑤ 余元眉長於詩之事，載見於實藤惠秀編譯之「大河內文書——明治日中文化人之交遊——」（東洋文庫、頁二五）。茲由余元眉與碩水之信以觀，「大河內文書」之言，洵不誣也。

⑥ 余元眉於「輶軒抗議」、「書翰」中，自稱「中書」。「中書」蓋爲「秘書官」，乃科擧及格之職務。由此以知，余元眉於清末中科擧者也。

⑦ 「輶軒抗議」之自序，詳記長崎的國際地位。長崎近朝鮮，蘇俄首泊艦於此，其後各國軍艦皆往來停泊。又各國武官常進駐於此，情報易於獲得，誠當時國際要衝之地。

（後記）町田先生原文發表於九州中國學會報第二十六卷（一九八七年）。

西村天囚論

一

天囚西村時彥，慶應元（一八六五）年七月二十三日，生於種子島（鹿兒島南方）西之表市大園。因生於大園，故別號碩園①。父城之助時樹，母朝之長男。爲葡萄牙船漂流至種子島，傳授種子島槍之時，任當莊頭職務之西村織部丞時貫的第十四代子孫。「時」字之用，乃當地名家，西村氏的慣例。時樹遊學江戶，師事塩谷宕陰，與重野成齋同爲一門之俊秀，知名於世。唯英年早逝，於慶應三年七月病歿，年二十六。時天囚三歲。弟時輔尚在其母腹中。

父親早逝，對天囚的人格成長不無產生極大的影響，蓋天囚偶而有誇張的男性形象之表現，或肇因於此一影響。

其外祖平山氏爲儒門世家，或受此家學的浸染，天囚於六歲時，即師事鄉儒前田豐山②，明治九（一八七六）年，十一歲之際，入學種子島藩校。明治十三（一八八〇）年，十六歲，天囚遊學東京，依恃重野成齋。成齋爲幕末昌平黌之秀才，頗負盛名。明治二十一年，任東京文科大學教授，爲明治漢學研究之代表人物。當天囚抵東京，成齋旋即介紹天囚入其昌平黌同窗，島田篁村（名重禮）所經營之雙桂精舍。雙桂精舍之同學中，有其後以史記成名之瀧川龜太郎。瀧川記其初識天囚的因緣，曰：

明治十五年春，余始東游，入篁村先生之雙桂精舍。有一書生，爲重野先生之塾生，亦列講席。身長五尺八、九寸，時來塾舍，好談文章，其言娓娓可聽。一日，同舍生以鄉里所託，起草碑文。先生謂願無多畏，誰人執筆。彼身長一書生應曰我作。不數日文成。布置齊整、文字簡鍊，自有大家之規模。余一讀驚異，問其鄉里姓名，答曰種子島之西村時彥。（「懷德」碩園先生追悼錄）

翌年，即明治十六年，東京大學古典講習科新設官費生制度。天囚應試合格。同期生有東洋史之市村瓚次郎、日本漢學史之岡田正之。瀧氏追憶曰：

余與碩園幸通過選拔試驗，得以公費生入校。碩園才力拔群，其文章近漸老熟，諸教授先生以射雕之才而深望爲囑。（同上）

天囚雖有「射雕之才」而深受囑望；唯入學古典講席科，受獎學金之給付，身分及收入安定後，精神開始懈弛，逐漸感染放蕩的習氣。或傾耳淨瑠璃③，流連曲藝場，或耽溺於酒色，以遊蕩失度，遭成齋破門之罰。茲有一文寫是時世風衰微，學生風氣的情形。

其時，薩摩（鹿兒島）的學生頗有勢力，故經常有暴亂產生。一旦被指稱爲甘薯，即遜於任何人一籌。④

所謂「甘薯」，即不良少年之等，且專指薩摩出身的學生。西村天囚或因身材高大，且出身薩摩，即被譏稱爲「甘薯」之一。不久，政府廢除講習科之公費生制度。天囚以失去學資之所出，不得已，乃自古典講習科退學。唯一旦養成之嬉戲的癖好，一時之間亦無法斷絕。

關於此時以來所用「天囚」之別號的來由，天囚於數年後自述其懷曰：

當時吾輩亦性惡論者，蓋人固爲作惡者，故自天打入牢房囚居，乃無怨尤。此自號天囚之所在。⑤

當時，天囚頗受老莊思想，故有此別號，並非不能理解。唯事實上，放蕩的結果，債台高築，隱蔽於天井中生息，不由得，以「我是天井中的囚人」自嘲。此別號的由來，或幾近弄議街譚，却極具說服力。蓋生活果眞如此的緣故。⑥

在困頓拮据之時，天囚之處女作，「屑屋之籠」（明治十二年，博文堂出版）產生。其故事結構，乃在描寫自屑屋（收破爛）收購而得的細帶、腰帶、帽子、筒袖、短襖、襪子、舊紙、鉛筆、眼鏡等，在深夜，一一陳列出來，敘述其來歷，非議時勢。且以雜物的各自立場，做出激烈的論辯。收破爛的夫婦窺聞此一景象，頗爲震驚。明治壬辰（二十五）年，「屑屋之籠」三版序，天囚寫著：

予年十六，負笈東京，游學七八年，幾無容身之處，閉居於蠣殼町之下宿屋。仔細地觀察世間的現實。且憤且怒，且泣且笑，不覺下筆，一氣呵成，匆匆脫稿，竟成十餘萬言云云。

岡田正之評曰：

屑屋之籠是諷刺小說。向當時社會各方面逞其諷刺譏誚之筆。筆端觸及政治、教育、宗教、風俗等，且詳細評論之。時而痛斥當路之大臣；時而彈劾黨人之弊風；時而警戒書生之放言高論；時而批評富豪鉅商之狃於太平；或歎息士風之衰頽；或倡婦德之說。皆極痛切、極平易通俗地寫社會百態，議論諷刺。正可謂明治二十年前後之社會史。（大正重刊「屑屋之籠」序）

天囚既諷刺當時的世相，又批判歐化主義新文明的過份崇拜和傳統即是良善的守舊頑冥之缺失。蓋天囚以異於全然執着於古典傳統即良善的觀點，以流暢的文筆發表其感受，故極有好評。瞬間即再版、續編的發行。天囚一躍爲時人所注目的名人。時年二十三歲。

西村天囚自稱其學生時代，在東京既已有名聲。蓋以「屑屋之籠」爲論評時事，諷刺人物之特出的新著，故立時使其青年的文名高揚。東海散史（柴四郎）之「佳人奇遇」，傳聞有一部份即成於天囚之手。如「佳人奇遇」中之長篇漢詩，「月橫天空明千里，風動金波有遠聲，夜寂寂，望渺渺，船頭何堪今夜情。……」爲當時之青年所喜愛而傳頌，此確實爲天囚氏所作。（「堺利彥傳」⑦）

右文爲青年時代，和兄欠伸一齊跟隨在天囚身邊之堺利彥所寫的自傳之一部份。

「屑屋之籠」暢銷之後，天囚一鼓作氣地，陸續地，於翌年，即二十一年發表了「活髑髏」（一月）、「奴隸世界」（四月）、「酒屋的女郎」（十二月）。皆指向當時社會和政治的批判。如「奴隸世界」即正視當時政治社會之西歐萬能主義所產生的奴隸的劣根性。天囚曰：

欲除其國之奴隸心，不刈除其國民之奴隸心不可。……非先爲其國民洗滌刈除視自身爲奴隸之病不可。

文末，天囚大聲疾呼「舉國勿爲他邦之奴隸。蓋天囚小說之主題在家國社會的關心。亦即，天囚的構想或筆調，乃以文章誠爲經國之大業的雄偉之志。

此時期，天囚的創作活動雖很順利，且極爲活躍；但日常生活依然不改往日的荒唐。再者，自鄉里上京來依恃的親人，如其弟西村時輔，從弟平山武燮；友人鈴木天眼、山內愚仙皆來投靠。即便天囚的小說、評論很暢銷，收入也非大了不起。微薄的收入而終日放蕩散財，畢竟不能長久維持的。在明治二十一年夏天，生活陷入困境，能借的錢全部借了，和山內愚仙（吹簫名手）沿門演藝的事也做了。在初秋之際，終於一籌莫展。在時輔的送行，自上野出發，夜裡逃離了東京。此段流離的生活，收載於三十二年所刊行之「紀行八種」（誠之堂書店）中的「雲之去處」。

其行程本預定從上野到宇都宮，折返經大宮到高崎，再由高崎走信州路經木曾而抵關西。但無論如何到木曾，就籌不到旅費，渡不了中津川。天囚只好將同行的愚仙留下，獨自一人往名古屋，至東雲堂取出版「閨怨」一書的定金，以此偕同愚仙至京都。「雲的去處」寫至木福島。由此至京都的情形，愚仙之「追憶」（「懷德」碩園先生追悼錄）有極詳盡的描寫。

至京都，二人宿於柯屋。穿著汚垢單衣襯袍的天囚和中途取得棉袍的愚仙，看似落魄粗野的書生，如何也不像寄宿名店的顧客。至於二人何以駐進京都一流的旅舍，據來店拜訪二人之出版「屑屋之籠」的博文堂主人的記憶說：

據聞柊屋主人的弟弟及有美人之稱的服務員阿鶴，對二人極爲崇拜，故無微不至地照顧二人。從住宿費到零用錢，共七百錢，全部爲二人支付。⑧

在當時若有一千元，即可建築一兩間房屋，可見七百元乃極大的數目。天囚及愚仙之在京都可以採信於人，柊屋主人之弟及鶴，誠給與極大的資助。

繼柊屋好意的款待後，天囚亦在博文堂主人的主人介紹下，與滋賀縣長中井櫻州認識。由於此一緣會，天囚進入與櫻州有關係的「ささなみ新聞社」。從此展開天囚的新聞記者生涯。其青春彷徨的生涯也結束，而其終生愛戀的關西生涯亦由此開始。

二

天囚由「ささなみ新聞」轉至朝日新聞社系列的「大阪公論」是在翌年，明治二十二年。「大阪公論」是以沒有政黨色彩，保持中立之政論新聞爲目標，故流行的小說和社會新聞一概不登載。亦即以國內外政治經濟大勢之介紹解說爲主的高級新聞爲目標。然則陳義過高的新聞，與當時的實情，讀者的要求未必相應。再者，當時能自由閱讀漢文筆調之硬性論說的人是可以數得出來的，故「大阪公論」以經營不良的理由，於二十三年三月廢刊。天囚轉至「大阪朝日新聞社」。

天囚在「大阪公論」的期間，共發表「雜綴十種」、「古壯士」、「維新豪傑逸事」、「夜嵐」等。其中「維新豪傑逸事」頗受好評，其後補綴成書（東京春陽官出版，明治二十四年）。此書乃將住在京都之幕末遺老所舉行之「懷舊座談會」的材料收集而成的。亦即發掘蒐集資料而成書的。採訪新聞乃記者的生涯，此探求蒐訪乃天囚一生取材執筆的基本手法。

明治二十二年末，「大阪朝日」的發行量超過五萬份，成為堂堂的大報。而天囚等「大阪公論」的執筆群之轉入，使「大阪朝日」的版面呈現活潑的朝氣，或其原因之一。

此時天囚築居於大阪南區北桃谷，和同鄉的三原經倫之妹鷹結婚。將在種子島的母親朝，滯留在東京的時輔接來同住。又招致文學同好之士，如接近北桃谷的渡邊霞亭、本吉欠伸等人聚集在一起，於二十四年組成浪花文學會，創刊公家報紙「大阪人」。於當時不振的大阪文壇注入新的活力。「大阪人」至二十六年共發行集成二十册，其後改名「浪花文學」。⑨此一時期，天囚於「大阪人」發表「鬼武藏」、「血刀之記」的歷史小說，「獨言」、「答四角八面生書」的評論，「老媼傳奇」的傳記。於「大阪朝日」登載「平家物語拾遺」、「老女村岡」、「血性男兒」等，皆受到好評。尤其是「老女村岡」、「血性男兒」，乃極成功的新聞小說。「老女村岡」且上演，天囚的文名一時遠播。此一時期天囚又熱中於浪花（大阪）先賢傳的考證，此考證工作，其後輯成「懷德堂考」。此時，如「天囚之衞星」的本吉欠伸、堺枯川兄弟皆在天囚左右。二十五年五月，妻鷹死去。

明治二十六年，高橋氏和內藤湖南虎次郎相伴來大阪，而且高橋健三是以客卿的身分入「大阪新聞社」。所謂客卿，即聘高橋氏爲主筆。翌年湖南亦正式入社。結果高橋爲主筆，湖南和天囚爲左右支柱的編輯陣容成立。由於三人活躍於中日、日俄戰爭的十餘年間，使「朝日」在社會上頗負盛名，聲譽極佳。

天囚於漢學的造詣，特別是詞藻的富麗，極爲特出，唯其對於湖南在東洋史學之見識，仍贊歎不已。湖南學識之爲世人所深知者，乃自二十九年四月起，陸續於「大阪朝日」連載「關西文運論」（其後改名爲「近世文學史論」），乃日本近世學術史極重要之論著的緣故。是時，湖南是天囚相切磋砥礪的良友。湖南曾以高橋任松方、大隈連合內閣之書記官長，襄助高橋，出任秘書之職，而退社至東京。其後，於三十三年返大阪再入社，至四十二年至京都大學任教之期間，皆在「大阪朝日」揮灑其健筆。

明治二十五年二月二十一日，陸軍少校福島安正（旅途中晉升中校）自柏林出發，單騎橫斷西伯利亞回返日本。翌年元旦，其抵嚴寒的西伯利亞，一日一日持續地往東走，國民全體皆期待其壯舉成功。三月十日，福島中校平安無事地抵達蘇俄南部，近鄰日本海之港市浦塩（Vladivostok）。約距柏林出發五百日。天囚在三個前被特派到此等候福島中校。相見後，同行返回東京。福島氏向軍部報告後，即到箱根休養。天囚乃再至箱根拜訪福島中校，相處數十日，詳細地傾聽其歷經艱苦的長途跋涉之旅情。不久之後，天囚在「大阪朝日」以「單騎遠征錄」爲題，連載百二十回。此獨家報導的記事，立時造成極大的轟動。翌年，即明治二十七年，此報導以「天囚西村時彥編單騎遠征錄」爲書名，在大阪金川書店出版。

明治二十七（一八九四）年五月，朝鮮全羅道的東學黨員約三千的蠭起，中日戰爭點燃戰火。天囚和甫入「大阪朝日新聞」的時輔，同爲特派員，派遣至朝鮮作戰地報導。此爲同年六月之事。不久，時輔不幸於京城（即漢城）罹患瘧，不治而死。年二十六。

二十九年九月，高橋健三受松隈連合內閣之招致，離開大阪，內藤湖南亦隨行。繼任「大阪朝日」主筆者，爲池邊三山。三山，熊本人，本名吉太郎，號鐵昆侖。父吉十郎有「肥後南州」之稱。於明治十年率熊本隊與西鄉隆盛作戰，戰後遭死刑。三山於慶應義塾中退，二十一年與東海散史柴四郎共創「經世評論」，以文章簡明而知名於世。二十五年留學巴黎。時以鐵昆侖之名寫「巴黎通信」投稿「日本新聞」，博得好評。二十九年招聘爲「大阪朝日」之主筆；三十年兼「東京朝日」之主筆。三山兼通漢、洋之學，尤其以史論更爲卓越。由其口述而瀧田樗陰編輯之「明治維新三大政治家——大久保、岩倉、伊藤論」可知一二。其較天囚長一歲。惜天嫉英才，於明治四十五年歿，年四十九。

三山來大阪之時，由於職位的關係，天囚轉任「東京朝日」的主筆。天囚再入東京，距其與愚仙星夜逃離東京，已二十一年。唯東京報社的瑣事縈身，天囚在東京的生活未必如意。三十年十一月，乃有渡海入清的消息傳出。據天囚的「江漢遡回錄」所載，此行只是「銜命觀風」而已；實則渡清乃負有重大使命。據在武漢爲天囚等從中斡旋的岡幸七郎⑩，敘述此一經緯，曰：

中日戰爭後，中國排斥日本的情緒高昂。尤其時湖廣總督張之洞爲最尖銳的排日主義者。因此，日本人並不容易進入中國內地，即便進入，至漢口等地亦極易遭致危險。視察此一狀態歸來之福島安正中校，向當時的陸軍參謀次長川上操六中將上報，欲消弭此一風潮，緩和中日緊張的關係，非說服張之洞不可。川上中將接受福島中校的進言，唯使者以誰爲宜，則頗費周章。雖號稱參謀部之知者宇都宮太郎上尉被屬意；唯張之洞爲一流的學者，其會談的對手亦非學者不可。故天囚不但與川上次長爲同鄉，亦有往來；而福島中校西伯利亞單騎橫斷記之執筆以來，二人頗有交往。是以天囚亦被選中，隨川上中將等一同出使。（「懷德」碩園先生追悼錄）

三十年將盡的十二月二十五日以至三十一年正月十日，天囚等人和張之洞數度會見且幾番暢飮。（摘錄「江漢遡回錄」）此時川上次長向張之洞建議，中日戰爭後，舉世注目亞洲情勢，故此時中日兩國交戰的恩怨宜如流水逝去，轉而相互提携強化，勿貽後世無窮之遺憾。因此之故，力勸張之洞訪日；若其自身不能訪日，或可使其親信，或派遣留學生留日爲宜。

天囚將此意以漢文書記，並謂中日相互提携之說，如張之洞之一流人物，誠有登高一呼，大力提倡的必要。張之洞以此意見頗適理而接受。或張之洞亦有此期望，故會談極爲圓滿。不久，中國的考察團，有湖北提督方友升等一行六人；另派遣留學生八名赴日留學。考察團員有陸軍少校黎元洪，其後任民國大總統。「天囚遺書」卷一「與張制軍論時事書」，即明治三十年丁酉，膠州灣事件發生，上書張之洞，力說將來中日相互提携之必要性者。

三十二年四月，種子島的恩師前田豐山至東京。天囚和其母朝熱情款待，並暢遊勝地。此紀行文即「都之春風」。再者，天囚亦迅急完成「南島偉功傳」，五月脫稿，並決定交誠之堂出版。天囚素以種子島家爲平氏正統，七百餘年之名門於南海保存，鐵砲傳來，甘蔗種植、僻野之教化與開墾事業之推展等諸多功績，未廣爲世人所知，誠爲憾事。其堅信種子島家爲皇室陪臣，以其門弟、功績宜享爵祿之榮名。「南島偉功傳」爲達成此一目的，天囚乃以「種子島氏家譜」爲主，撰述成上、下二卷。書成，得天皇御覽，翌年，種子島守時受任男爵。天囚的願望得償。

豐山返鄉後，天囚爲「腦病」所困。蓋對豐山的接待，「南島偉功傳」之執筆，社內微妙立場之困惑等心力交瘁，或爲「腦病」的誘因。休養兼情緒轉換，出訪舊友愼羽南，漫遊東北之旅。此遊寫成「笠鞋漫錄」一篇。旅行中，天囚決定再渡航中國。對於豐山及種子島家終有區區之回報。其次，則有何可爲，天囚則猶豫不決。蓋其所困惑者並非完全是報社內人際關係的憂鬱，是至交的湖南、三山由於學有根柢，故所撰論說文字，口碑甚佳。與二人相比，自己將何適何從，又每當聽到仁義之說教，或對己身記事之譏誚，天囚雖十分惱怒，却一向不動筆反擊。此固天囚「腦病」的所在。

三

重上雲濤萬里程
中年海外作書生
文章報國狂奴志

涕淚辭親游子情
畫策何人徒弄作
論交唯我合存誠
申江夜雨金陵月
綠酒紅燈多舊盟
——「將重游清國出東京時作」（「碩園先生詩集」卷二）

「中年海外作書生」，乃天囚正直地吐露其此時的心境。二十世紀初年的明治三十三年一月，天囚渡清。由上海到南京。在南京的文正公（曾國藩）書院的一書房落脚。天囚記其時之景況，曰：

衣寇人文江南爲盛。異才鴻儒當有足以求益者。借住書院書堂內，而論文讀書，亦客中一快事也。（大阪朝日、四月三日，「金陵漫筆」）

是時之華北以義和團之蠭起，而擾攘不安；南京、上海則極平穩。天囚乃有至杭州，「於西湖之上賞負盛名之中秋月；觀錢塘湖，聞潮聲」的打算。既其所遊，則成「杭州紀行」。此年歲暮，天囚返回故里種子島，滯留至翌年（三十四年）二月。其後至大阪、東京，再至上海則是四月。五月再寄居南京之文正書院。三十五年的暮春，前後約二年餘，結束在中國的留學，歸返日本。再持續其在大阪的生活，年末，遷居至大阪北區松个枝町。時年天囚三十八歲。

天囚在留學中，撰寫「南京來信」、「上海來簡」、「杭州紀行」等通信或紀行，及「張修撰之變法平議」之時事，寄回朝日新聞社發刊。返回日本，亦有「盼望教育家之渡清」、「倪雲林」、「清國之現狀」、「清國之新黨及革命黨」等留學中之見聞、交友及中國國情和時局的議論。蓋從教育問題至文學小說之類皆有觸及。其與始傳甲骨文於世之劉鐵雲相識，即在此時。凡諸成果，天囚二年餘「中年書生」之留學，決非徒勞無益的。京都大學教授狩野直喜寫此時的天囚，曰：

明治三十四年秋，我接受自中國留學歸來、擬再至上海而在此停留二三日的西村君訪問。此乃與西村君初次見面。衆所周知，西村君於少時曾入大學古典科。其後寫「屑屋之籠」的小說，生活頗富曲折波瀾。唯我所見者，非傳聞及想像之西村君，其頗有晚年的容貌。然則畢竟僅三十七、八歲，全無堅毅之道學家的風貌。再者，詞章方面非常喜好；考證則非所好。即學術研究非己所能，且又非自身所喜歡者。（「讀書纂餘」所收西村天囚氏之追憶）

據狩野氏所說，天囚在留學期間一改豪放的性格，轉移爲溫厚沈着的內斂。蓋年近不惑，且中國歷史文物給予其內在深刻的影響，故在性格上有此改變。就人而言，此一性格的鉅變，或意味著其喪失新聞記者的資格。蓋時事問題既已純熟地處理，天囚的興趣或轉向事物本質之追求的執着。其明晰解釋的手段之一即是考證的工夫。故狩野氏雖說其不好考證，天囚却熱中於考證，且有細密精緻考證之修養。唯天囚的困惑仍持續存在著，雖志操堅定，生活踏實的中國留學，確實給予其極大的信心；但自身獨立的事業竟安立於何處，天囚則如在十里雲霧中，而不知所之。

決定近代日本命運的日俄戰爭，在明治三十八年九月五日講和條約之蓋印，得到勝利後結束了。僅十年之間，經過中日、日俄兩次戰爭，日本成爲再也壓抑不住的東洋大國。國民亦有此感受，且由此而生之獨立自負之精神，則有就維新以來，歐化萬能主義轉向本國傳統文化之冷靜評價和再認識。天囚即持此看法，在精神優遊下，於此年娶幸子夫人。

四

三十九年四月，天囚作九州之遊。經門司、博多、佐賀至小城；再由大村走訪長崎。其後轉往鳥栖而至熊本，再由熊本折返門司，往詣赤間神社的祭祀大典，此後，又至中津、宇佐。此爲天囚第一次九州遊歷的行程。八月，又旅遊四國地區，天囚將其所見聞，寫成「南國記」，在「大阪朝日」連載。在天囚爲數甚多之記行文中，文筆有顯著變化的是三十八年時北陸旅行開始。此遊之記行，「北國物語」曰：

今此篇避紀行之陳套與隨筆之無味，期別以適意之文體，兼收紀行隨筆之長，唯始終未能如意。

即行文不僅止於隨行程，敘述其地之風物，且走筆於時間先後關係而作諸事之考察。其後之「九州巡禮」等，則有新文體的創作。同時，自「北國物語」以來，史實之精密的考證和客觀的敘述也增加了。至「南國記」，其記述的中心，則在「柴野栗山」、「井上通女」等歷史人物的記載上。由此可知，天囚的主題乃傾向學者生涯及其學術成就之考察和評價。

此（三十九）年十月，天囚再次作九州探訪的旅遊。此次以別府、大分、國東為主，而作三浦梅園、脇愚山、帆足萬里等人的調查和評述。此紀行以「豐後路」為題，自十一月至十二月，在「大阪朝日」連載。天囚在最末回，記述著：

此遊別府湯治之序，搜訪南豐諸先賢之事蹟，以梅園、愚山、萬里為中心，其餘以談窗、竹田為始，旁及三儒之友朋門生。以材料備，擬持續豐後路，將南豐先賢事略揭載問世。由於歲將暮，則待來春。（「國東之紀」）

由此，天囚旅行之目的明確地揭示。至於排遣旅途漂泊之心思則無一字敍述及之。亦即致力於其地先賢成就之發掘、評價與彰顯。天囚所謂「待來春」者，則有「學界之偉人」之記述，見諸報端。（三月十二日至四月十九日）

明治四十年五月十七日，天囚冒著暴雨，自大阪出發，第三度遊九州。依然非作觀賞勝景之旅遊；其目的在介紹福岡之龜井南冥、昭和父子的學問，探訪龜井氏之高弟、日田廣瀨淡窗之事蹟。自維新變革以來，至今四十年，「僅知著名大儒之生沒梗概，至於其生平則湮滅不傳。」（九州巡禮）天囚乃窮盡心力於前賢遺書之搜求、故老之探訪，傾聽「化政保弘」，即德川幕府末期之文運盛事的情形，且詳為記錄，以免彌足珍貴之事實，永為世人所遺忘，而造成無窮的遺憾。

五月十七日，由大阪出發，十八日清早抵門司，旋即至久留米，停留二天。二十日北上福岡，搜訪龜井父子的遺書。二十五日在唐津。二十七日，由多久至武雄。二十八日，訪問佐世保郊外之針尾島的楠本碩水。三十日，轉往長崎。其後，折回至佐賀，宿嬉野溫泉，再至福岡近郊二日市，宿武雄溫泉，則是六月一日。二日，至秋月憑弔原古處的墳壟。三日，由甘木至豐後日田，讀淡莊、旭莊之日記，追憶咸宜園之往事。九日由邪馬溪入豐前中津。十一日，訪村上佛山故居，未果。十二日，在下關揮別舊友，十三日歸返大阪。此約二十八日之九州探訪之旅，以「九州巡禮」之名，自六月二十六日起，於「大阪朝日」，連載四十二回。

在福岡，以欲閱覽南冥、昭陽父子遺書之故，拜訪龜井家及遺書之保管者讚井家。唯所得見者僅龜井氏所作書之半數而已。然則天囚仍每日持便當前往，一入其門即不出地閱讀詳記。其所註記者，有「論語語由」、「左傳纘考」、「空石日記」。至於「泱泱餘響」、「成國治要」等未見，則甚爲遺憾。⑪

「九州巡禮」之第三十回至三十七回乃記述針尾島之楠本兄弟事蹟，然其中之第三十三回插入「前田豐山翁」之記事。此針尾島楠本氏之記載，突如其然地出現種子島豐山翁，雖不免突兀，却有其神來之妙處。蓋碩水與豐山乃多年之以文相輔會的故舊，是以天囚往詣碩水，自然要兼及豐山的介紹。此出乎意料之外的人物之描寫，乃天囚紀行文之新工夫的所在。

針尾島在佐世保郊外，「東南瀕大村灣，南北臨早岐灣、佐世灣、南北二里餘，東西一里許」之風景絕佳的一小島。（今其近處，有東爲早岐海灣，西是漩渦而知名的西海橋）。此島有幕末、明治之間學識、人品皆有極高評價，時稱「西海二程」的楠本端山、碩水兄弟⑫居焉。

明治四十年，天囚訪針尾島時，端山已歿，碩水健在，年七十六。碩水之日記，記有「新曆五月二十八日，西村時彥來訪」。天囚之所以拜訪碩水者，以其師豐山與碩水乃知交之故，適值碩水之門弟子岡幸七郎與天囚相識，乃得引介而見碩水。天囚之知交岡幸七郎者，乃三十年冬，天囚渡清，會見並邀請湖廣總督張之洞訪日，其時武漢會見晤談諸事，天囚頗得岡幸七郎之助，故二人有深交。岡幸七郎，號安節，又號享甫，爲楠本家的親戚。與其兄直養岡次郎盡其心力於端山、碩水學識、人格之彰顯，乃奇特之人物。明治四十年之際，岡幸七郎自武漢返鄉，天囚乃藉此機緣西下，請其引薦，拜訪碩水。岡幸七郎向碩水介紹天囚的書翰，今存於九州大學文學部書庫。其大意：

大阪朝日主筆西村時彥，薩摩種子島人，前田翁門弟子。欲拜趨請大教，且請見示藏書。知小子在鄉，必西下，偕往問候請益。……

五月二十八日，天囚宿日宇村（今佐世保）岡氏家。翌日，由岡幸七郎陪伴，乘小舟，沿村西之松尾川，至針尾島訪碩水。天囚記其所見，曰：

楠本碩水翁之所居曰江下，故扁曰江下村舍。字乃清俞曲園所書者。有頃，見一老者，年七十有餘，清癯如鶴，存結髮之古風，面瘦，白髮垂胸，眉目之間含溫良之情。一出，即寒暄致意。……碩水先生謂，與豐山先生輔會多年，唯無見面之緣，至爲遺憾。囑余若見豐山先生，致申問候之意。……翌日，又訪碩水翁，聞翁所述其少壯時從遊先儒之軼事。得有關淡窗生平之好

材料，誠甚珍貴，他日作淡窗傳，當可爲參考。……（九州巡禮）

蓋寫碩水乃一溫文儒雅之長者，亦得先儒軼聞是幸。唯天囚所記，至「他日作淡窗傳，當可爲參考」便止；則碩水所述諸事，由此記述乃不得推想以知。關乎此，碩水之「過庭餘聞」，有如下之記載，或可據以探尋知曉。

塩谷宕陰之文和淡窗之詩皆鍛鍊者，此支那人所嗜者。日本人之詩多覇氣，殺伐之風有之，溫和則無。故乏詩之本意，所謂詩之聲響者全無。

淡窗既患眼疾以來，即不讀書而背誦其所讀竟之書，故讀書雖狹，皆能背誦。或有問之者，知之者則盡答之，不知則曰不知。……雖以眼疾，而志亦小，故不知有博覽群書者。其非高尚之人，而汲汲於弟子之教育，蓋以濟世之故也。

碩水之人物評頗公允，以其嘗深入地從各個角度，和友朋議論，下其警句式的評斷之故也。天囚遠來，傾聽碩水所述故老軼事的理由亦在此。或天囚所聽聞者，有「過庭餘聞」所未收載之逸事遺聞，故臨別之際，天囚記曰：

針尾三日游，勝讀十年書。

則知「過庭餘聞」所記，乃碩水所述故老遺聞之一部份而已。

佐世保之後，天囚由長崎，經嬉野溫泉，秋月，至日田。到日田的目的在於遊咸宜園。關於淡窗、旭莊二人，以準備寫成傳記，故「九州巡禮」並無深入記載；僅簡單地叙述日田的街道、廣瀨家的墓園及二人的兩大日記而已。所謂兩大日記，是指淡窗的「懷舊樓筆記」和旭莊的「日間瑣事備忘」。天囚於淡窗的筆記，「且讀且抄，三日而竟」。天囚記其所感，曰：

其文以假名（日文）書寫。其叙事眞率，毫無虛飾。……此不止足爲淡窗個人傳記之最珍貴之資料，作爲史料，亦可珍視的奇書。

旭莊的「日間瑣事備忘」共一百五十六册，誠令人驚歎不已。天保四（一八三四）年正月，旭莊二十七歲，至文久三（一八六四）年，五十七歲，旭莊死的三十年間之漢文書寫的日記。「上自與公侯、學士、大夫的應，下至朝夕瑣事」，皆詳細載記，其精力，「固非常人所能及」。天囚謂此日記，「實可謂一大著述，亦足珍惜之幕末的好史料」。蓋給予極高的評價。「九州巡禮」總括其見三大日記，曰：

予此行，於福岡讀昭陽之空石日記。入日田得一見淡旭兄弟之二大日記，誠望外之眼福。昭陽之日記是學者式的語其家計；淡窗的日記是循吏式的，用意甚密，旭莊的日記，則是書生式的，筆路豪放。亦各便以爲知其人也。

五

與「九州巡禮」相得益彰的有「異彩的學者」、「龜門三女傑」、「龜門二廣」等評傳，於明治四十年十月至四十一年二月，在「大阪朝日」連載一百一十回。「異彩的學者」記載龜井南冥、昭陽、原古處、吉田平陽、村上佛山。「龜井三女傑」寫龜井少琹、原采蘋、高場元陽。「龜井二廣」則是廣瀨淡窗、旭莊兄弟。亦即此一系列，乃「龜井一門之學」的介紹。

本邦儒學之徒，其有才識者莫如伊藤仁齋父子、物徂徠。龜井昭陽繼起，其於經說遠出伊、物之上。但僻處西陬，其學僅行於一方，未廣及於天下。（「碩水遺書」）

碩水此一龜井評，天囚或直接在針尾島，接聞以知者。唯令人遺憾的是，南冥的詩才和昭陽的經學，由於寬政異學之禁及福岡藩內複雜的學派之爭，未能得到正式的傳承。且被視爲禁書，擁有龜門之書者無不人人自危，故龜井父子所作書，多以未刊之寫本，秘密地藏在篤志家的篋底。「論語語由」由秋月藩出版則是希覯的例外。而得窺知龜井學之全體大用者，更是少數中之少數。如碩水之獨具慧眼，乃能給與龜井父子極高的評價。至於天囚僅能見龜井遺書的半數，亦可說明其書不傳，知者甚稀之事實。

天囚以「異彩之學者」之評價，給予龜井父子於日本漢學史之定位，意味著龜井父子活躍於世之後的一百五十年，乃有後學者貽其眞確的評價，首先傳其聲名於世。此爲天囚所從事，人所罕知之日本近世優越學術成就的發掘工作。其於先儒學術，人格之評價介紹的工作，誠如獲至寶，非但博得好評，亦肇啓其撰述其代表作「日本宋學史」的先機。

明治四十年以後，天囚集中心力於前賢研究成果的探究與評價。故其雖仍持續論說時勢，而在新聞社裡，以前賢之評介的寫作，別具學者的風格。在其一系列九州諸學者傳記中，風評最佳的是「龜井二廣」淡窗、旭莊之傳記。蓋天囚日後於懷德堂從事教育工作，故於教育家之淡窗的興趣頗高，且據自碩水處所聽聞的筆記而寫，誠能直探淡窗生平事蹟的核心所在。至於旭莊，亦曾活躍於大阪。如此之故，「龜門二廣」較受好評。無論如何，日田咸宜園之名遠在龜井父子之名而廣爲時人所知曉。且讀者也對淡旭傳記較有親切感。

「皆川淇園」的發表，在四十一年的五月至六月。其後的「肥薩見聞」，是此時開通的八代、人吉間新線試乘典禮，亦即南至鹿衆島，優遊地叙述沿途景物的紀行文。雖則，天囚乃有其自我的期許。天囚曰：

> 首將朱子大學章句於薩摩刊行者，爲桂菴和尚。其乃我邦宋學之首唱者，其功決不可沒。今年六月十五日，相當其四百年紀，參拜其墓，調查其事。（「桂菴禪師之墓」）

此乃天囚之想法。憑弔桂菴禪師之墓，再至供奉繼承桂菴禪師之學的文之和尚之木像的南州寺參拜。亦即爲其平生代表作「日本宋學史」的撰述，做準備工作。唯天囚至爲繁忙，並未能專致於「日本宋學史」的寫作。八月發表「野山三夜」；十一月連載「聾且盲之谷三山」。

明治四十二年一月一日，天囚的「宋學之首唱」第一回揭載，至二月二十五日，共連載五十五日。九月，增補改題爲「日本宋學史」，由梁江堂出版。此書乃繼「學界之偉人」、「異彩之學者」後，理當撰寫的代表作。天囚於「緖言」叙述著：

> 明治文運之盛，淵源於德川三百年之敎化，德川三百年之敎化，濫觴於鎌倉、室町二期之風尚。

鎌倉時代傳來，室町時代研究，以爲三百年間之普通讀本者，論孟學庸之四書集註也。……四書之普及海內，不待言爲訓點之力也。四書之訓點，爲不二和尚所創者，然其書不傳。雖然，桂菴禪師祖述其說，文之和尚潤色之，如竹散人刊行之，以行海內。……此如竹者，鄰我鄉里之屋久島人。予幼時聞其名，慕其賢。其師文之和尚作鐵砲記，以有我先祖之名，欽仰之念深。溯文之、如竹之學統，繼桂菴禪師。……在海內騷亂之戰國，於薩摩刻朱子之大學章句，知其爲宋學之首唱者，三嘆其功績之偉大。……所謂深入近三百年間之人心者，宋學也。宋學之神髓在四書集註。四書爲當時普通讀本之最初功臣者，此三先生也。第一是如竹，以出自我鄰島之關係，第二文之，以顯彰予先祖之關係，第三桂菴，以其爲薩摩文學之祖，我輩後學亦蒙其餘蔭之關係。溯宋學之淵源，研究四書流行之沿革，一以發揚先人之功績，一以資敎化之萬一，非予責任耶？

此天囚著述之義蘊所在。明治文運之隆盛，乃以德川三百年之敎化爲基盤，甚且上溯至鎌倉、室町時期。此時代之中心思想爲宋學，特別是朱子之四書學。於四書標註訓點，使之易讀，而與普及四書敎育之最大力者，乃桂菴、文之，如竹三人。此三人乃薩摩、種子、屋久人，皆與天囚有極密切之地緣關係。故證明宋學傳來之淵源、彰顯先人之功績，並說明明治文運之情形，誠身爲後學，且生於九州薩摩者，有身無旁貸的使命感。

天囚的作品頗有誇耀鄉土的濃厚色彩，其中，尤以「南島偉功傳」爲最。此就客觀學問研究爲目標而言，不免有可議者，蓋天囚之「緒言」，確實在歷史中凝視自我，即在歷史的演進過程中，有自我定位之眞摯和熱情。如此，天囚的鄉土愛是否影響其客觀性和公正的判斷，則足資探究者。茲翻檢「日本宋學史」一書，其記述的順序構成而言，雖後半部有濃厚的薩摩色彩，是事實；然就研究的對象、宋學而言，本來即超越種子、薩摩地域，而普遍流行的學問，但並未降低爲僅誇耀鄉土成就而已的水平。即要給予桂菴、文之等人正確的評價，非就其生存之五山時代的文學思想活動，作全體的掌握不可。亦即明瞭其與時代思潮之關連，乃能作客觀的評價。故局限於一地方之學術以理解全體文學思想之活動，是不能成立的。就此而言，「日本宋學史」誠可視爲「日本近世思想史」的佳作。內藤湖南作「關西文運論」，精確地描述「德川學術史」；天囚的「日本宋學史」，則以近三百年思想界的主流，宋學的溯源探流，完成了「近世思想史」。

當時，上村閑堂寫「讀日本宋學史」⑬的書評，給予最佳的評價。戰後，昭和二十六（一九五一）年，「朝日文庫」再刊「日本宋學史」，其前有天囚愛徒武內義雄極爲詳審的解說和懇切的評價。武內氏以「日本宋學史」爲「先生衆多著作中，最注入心血的精心傑作」，誠有三項功績，足資推崇。

其一、宋學之傳來，向以元僧一寧一山歸化之初，唯考察五山文學之資料，在此之前數十年的圓爾弁圓、蘭溪道隆、大休正念等人之時，即出現曙光，故宋學修正爲鎌倉中葉之際。其二、鎌倉中葉諸禪僧移殖而入之宋學，在南北朝室町時期既以紮根，且開始研究，而有禁裡派和禪林派的派別產生。前者爲王朝以來之清原家等明經家家系的人，其研究乃以折衷漢宋之學爲終始。後者以新儒家作爲宣傳佛教之具，乃以宋學之性理哲學和見性成佛之禪理作比較研究，進而加深其思想的內涵。中巖、義堂、桂菴相繼擅場，及惺窩、羅山之出現，德川三百年之官學系統的基型乃形成。此點，先生書予以明確化。其三，桂菴之祖述首唱，月諸、二州、文之、如竹之繼起，薩摩之宋學振興。此點誠闡明鄉土先賢的成就及薩摩獨特的學風。

此三點誠爲「日本宋學史」一書的宗旨所在及確切的評價。武內氏之結語：

本書以流暢的文筆，精密地研究我國程朱學的沿革，誠兼備義理、考據、詞章三者的名著。⑭

蓋給予此書最高的評價。

六

大正初期，天因熱衷於懷德堂的重建。所謂懷德堂，乃享保九（一七二四）年，中井甃菴與大阪商人，舟橋屋四郎左衛門、三星屋武右衛門、道明寺屋吉左衛門、備前屋吉兵衛、鴻池屋又四郎等協力興建的學塾。且得將軍吉宗支持，供與土地，並免除年貢之特典。學塾之設備及維持費，則由上述號稱「五同志」之商人給付以依存，故屬半官半民之學塾。⑮

最初，由京都招聘三宅石菴主掌學政，甃菴爲理事。規約學政與理事不得世襲，懷德堂以石菴聘五井蘭洲爲助教，並延請伊藤東涯、三輪執齋等當時一流學者前來授課，而興盛一時。石菴歿後，甃菴兼任學政，三代、四代由　菴之子竹山，履軒繼任，爲懷德堂之黃金時代。教育此二子者，爲終身甘於懷德堂助教的五井蘭洲。履軒之後爲竹山之七男碩果；碩果之後爲履軒之子桃園承襲學政之位。雖學塾規約不許世襲；但自甃菴以後，學政爲中井家所世襲相承，即懷德堂成爲中井家的私塾。此一情況亦不無道理，以財政而言，若無人負責而處理，則大家產的維持是不可能的。然則無論如何，經過數代，仍能盡力地持續經營，並非易事。故幕末之際，即便中井家傾其財產以努力維持懷德堂的存在，仍不得不屈服於時勢，在明治二年十二月廢校。前後維持一百四十六年。

自懷德堂而出之俊秀者，五同志中之一人，道明寺屋吉左衞門的三男富永仲基，在石菴門下；履軒之高足有山片蟠桃知名於世。又佐藤一齋、脇愚山，大塩中齊亦出自於此堂之傑出的學者。蓋以時日既久，自有其學術傳承之意義在焉。故在大阪雖早時亦有片山北海之混沌社，及幕末小林、旭莊之詩社活躍於世；唯皆如曇花乍現，能持續維持者僅懷德堂而已。天囚以爲懷德堂廢校以來，大阪「學問之燈」熄滅，引以爲憾。天囚始終以爲大阪不宜單純只是商業城市，宜有適合商業街道的學校建立才是。亦即與甃菴、民間五同志創出「爲重視家業的學問」，即以鄉人教育爲目標的學問、學校相應的想法。

明治四十四年十月五日，「大阪朝日」主辦祭祀懷德堂先賢諸儒的祭典。此時，天囚致函遠在針尾島的楠本碩水，乞求添削所撰之祭文。此祭典向各方人士募集頗多金錢，天囚志在將剩餘金額作成基金，再建懷德堂。天囚此一壯志爲關西財界鉅富住友吉衞門所動。終成立以住友爲會長的懷德堂紀念會而踏出第一步，五年後，再建懷德堂的夢想實現了，在大阪博物館西北隅，建築講堂和事務所。

專任教授是自廣島高等師範赴任的松山直藏，天囚亦愉快地站上講席。

大正八（一九一九）年三月，京都大學中國哲學科出身的武內義雄受聘爲懷德堂的講師。同年，送武內氏至中國留學兩年。天囚所主宰之文會景社的盟友籾山衣州沒。天囚寄「與武內誼卿書」（收在「碩園先生遺書」），報衣州之死訊，追懷故人，並敘述期待武內掌理景社和懷德堂的期望。九年歲暮，武內氏平安歸國，天囚的構想是，教授松山氏擔任「義理之學」，講師武內氏講授「考證之學」，自己承擔懷德堂的全責。懷德堂之維持管理，財政雖然困難，但天囚是身苦而心樂。

大正五年，天囚以舊友狩野直喜的推薦，在京都大學文學部兼課。每週三小時，講授「古文辭類纂」、詩文作法及「楚辭」。當時聽講的學生，記天囚授課情形：

講授極爲精彩。言辭明晰，循次漸進，便於筆記。時而插入趣味的話題，引人入勝。板書極佳，雖授課結束，亦不忍拭去。（「懷德」碩園先生追悼錄、松浦嘉三郎）

至大正十年八月，天囚在京都大學講課五年。其間，在九年五月二十六日，天囚以「支那文學」研究，得京都大學博士會推薦，獲贈文學博士學位。

大正十二年四月，武內應聘新創設之東北帝國大學法文學部中國學課程之教授。天囚以複雜的心情惜別了武內，蓋天囚原擬委託武內掌懷德堂和景社，故武內之高就而去，天囚有掌中之玉遭奪去之悃悵。

大正十五年，懷德堂增建書庫、研究室。規模大抵完成。然昭和二十（一九四五）年三月十四日，大阪遭空襲，懷德堂化爲灰燼。

七

大正八（一九一九）年十二月十三日，天囚辭退朝日新聞社，結束三十多年的記者生活。退社的直接原因，是七年七月末所爆發的米糧騷動事件，即所謂的大正之米糧騷動。由此引發之一連串事件，終導致天囚辭退「大阪朝日」的職務。

「近代日本總合年表」（岩波書店）之大正七年七、八月的社會版，記載著米糧騷動事件的始末。

七月二十三日，富山縣下新川郡魚津町漁民數十人，爲防止米價高昂，於海岸集會，要求貨主中止將米糧運往縣外的裝載。

七月二十九日，米價無上限的暴漲，小賣價格而言，一圓僅得二升四合。

八月十日，米糧騷動波及名古屋、京都。十三、十四日，全國大、中都市的米糧騷動沸騰到頂點。（至九月十七日爲止，共三十七市，一百三十四町、一百三十九村發生群衆運動，遭檢舉者數萬，起訴者七七〇八人）

八月十四日，內政部長水野鍊太郎命令禁止報導有關騷動的事件。

八月十四日，「大阪朝日新聞」二十六日夕刊，以彈劾寺內內閣之關西記者大會的報導，有「白虹貫日」的文字，而被禁止販賣。九月十九日，該社幹部以違反新聞法，遭起訴，十二月四日，判決有罪。

八月二十八日，東京府對應米價高漲，採取委託指定米商，廉售「外鮮米」的措施。

九月二十八日，由於「白虹事件」，大阪朝日社長村山龍平在中之島遭襲擊。十月十四日，村山社長辭職。十五日編集部長鳥居素川退社，長谷川如是閑、大山郁夫與之共進退。十二月一日，該社發出「本社立場宣明」。

村山龍平退任後，上野理一任朝日新聞社社長。編輯部長鳥居素川辭退，除社內的長谷川如是閑、大山郁夫共退外；京大教授井上肇、佐佐木總一、末廣重雄、小川鄉太郎等特約發表評論，隨筆的學者，亦採取同一作爲，辭去約聘。鳥居退社後，當時該社總務局，任命「編輯部顧問之間職的西村天囚，擔任部長之職」。然則，「承擔重建空前之大變局，並非易爲之事。」（「朝日新聞七十年小史」）

是時，天囚於十二月一日的「大阪朝日」撰寫「本社立場宣明」一文。蓋對「白虹事件」，爲朝日的立場作辯白。一者全面反省；一者對社內及外界宣布該社今後必嚴守公正中立的立場，報導事實的眞象。亦即結束連發事件的宣言。天囚爲突發的白虹事件，以報社的立場，辛苦地撰寫終結事件的文稿。宣言刊載之日，即天囚赴京都大學講課之日。如往常地進入教員休息室，即遭受進步派之教授連的嚴厲譴責，指斥天囚爲懦弱。朝日社長退職，既已是重大的犧牲，負出相當大的代價。誠沒有屈服於權力，提出類似謝狀之宣言的必要。雖然景況如此；但天囚是站在重建危墜報社之責任的立場而發言。畢竟只是右派激進之論，並不能重建報社，能退讓者則非妥協不可。深究天囚之用意，誠有維繫報社存亡之苦心。

此後，時人皆以爲朝日的方向有重大改變，而歸咎於天囚。其實，村山社長、鳥居編輯部長連續辭職，朝日當時的權力即以崩潰。若新聞社希求再生，不論誰掌理編輯部，皆無法超出天囚宣言的範疇。天囚只是遭逢其時任而已，其責任誠非常有限。再者，此時京都大學教授連猶如戰敗之犬，憤懣無能宣洩，便轉而攻擊天囚。天囚若能充耳不聞便是佳事；惜其不能做到。此時，天囚退社的意念甚爲堅決，其超越的立場，眞摯誠篤而不渝的信念動搖了。

天囚於大正八（一九一九）年十二月退出「大阪朝日」新聞社。

八

天囚八疊大之書齋的書架上，掛著兪樾所寫的「讀騷廬」匾額。意謂「讀離騷之廬」。天囚又自稱其書齋爲「百騷書屋」。蓋其書齋收藏有百種離騷，即楚辭之書。此時天囚埋首於兪樾匾額之後，研究楚辭。再者，在京都大學有楚辭專書之講授。彙整成「屈原賦說」上卷，收在「碩園先生遺說」。卷末記其年月，爲大正九年五月。

楚辭爲中國古代文學的代表作品之一。詩經是中國北方的詩歌總集；楚辭則是南方楚地的韻文集。楚辭的代表詩人是屈原。屈原爲戰國末年，楚地的名族，以捲入國內的權力爭鬥，失勢而遭放逐到長沙，彷徨於洞庭湖邊，遂投身於汨羅江而死。今楚辭之離騷、九歌、天問、九章蓋出自屈原之所作。

其他諸篇或爲宋玉、景差等人所撰。文獻考證之未能確定者多。

天囚自述其研究觀點，曰：

夫屈賦繼風雅於前，啓辭賦於後，爲文學之大宗，不可不必讀。而古今註釋亡慮百家，群言紛淆，疑惑學者。愚因論著，略述大旨，刊誤補義，待諸他日焉。（「屈原賦說」序）

其卷目編次，名目爲首，次述楚辭之形式，句法、韻例等，末以道術第十二作結。蓋列舉其書之要點，指示楚辭之讀法。⑯卷末「編者附識」，自謂擬續撰下卷十篇，蓋有意深入研究楚辭。遺稿中有「楚辭纂說」、「楚辭集說」。

天囚素來以徹底地蒐集資料作爲其工作的開端。楚辭的研究亦不例外。明板「朱校楚辭」、朝鮮板「楚辭集註」至龜井昭陽「楚辭玦」等古來刊刻及研究楚辭的書，蒐羅無遺。「懷德」追悼錄之武內義雄、中井木菟磨的文章，明日地叙述天囚不遺餘力地網羅楚辭書的執着。「百騷書屋」確實是楚辭的寶庫。其價值在天囚死後，劉文典專程至懷德堂求閱天囚藏書一事，即可證知。（天囚之所有藏書，今藏於大阪大學圖書館）

「屈原賦說」脫稿不久，天囚即受聘爲島津家臨時編輯所編輯長。整理編輯島津家的歷史資料。小牧昌業任總裁。天囚自朝日退社後，即住在大阪梅ケ枝町。月餘，旋又上京。翌年，即大正十年八月，在內府松方正義的懇切殷望下，天囚就任宮內省御用課。天囚始終從事民間的教育工作，未必適應宮內省酢酬應之職務，故友人多持反對意見。然松方侯於已有恩，且應允天囚年裡數次返回處理懷德堂諸事的條件，故八月，天囚舉家移居東京。每隔一日地輪流到宮內省和島津家編輯所工作。天囚有詩叙述其離別大阪的友人至東京赴任的感懷。

菲才欲老臥柴扉
何料朝冠到布衣
聞道君召不俟駕
閒情仍繞舊苔磯（其一）

三十餘年住浪華
老來不意挈家移
他鄉看慣故鄉似
回望遲遲登客車（其二）⑰

天囚在東京的事務頗爲繁忙。其回復仙台之瀧川龜太郎之賀詞，大抵如下記述：

陳者野生市井之間，放浪三十餘年，以送老閭巷爲安。不料推薦，再三堅辭，不遂。不得已，忝御用課一職。事多倥偬，臨時出差者亦多，頗不得閒。⑱

大正十二（一九二三）年九月一日，關東大震災，本所、深川、神田爲祝融肆虐殆盡，東京七成以上之地皆化爲灰燼。天囚親睹此災厄，以爲乃遭「天譴」。事後，天囚與後醍院廬山書，其意爲：

今日之大地震爲前代所未聞，災情慘重，不忍睹。……此乃日本國重建之契機。享樂主義、戀愛至上主義、社會主義全然粉碎。爾後，日本國重建之道，除在純然的日本主義下，與世界列強協調，共謀人類和平之外，無他策。⑲

十月十日官報所載「國民精神振興之詔書」，即藉震災之契機而發。此文乃天囚起草的。蓋以前述與後醍院廬山書函之意，敷衍成文的。此乃天囚爲官方作最後的一件事。⑳

詔書起草之稍前，天囚曾爲大阪木綿業組合，撰文一篇，約五百字。以平易的漢文，表達組合的希望。其文曰：

木綿莖高二三尺，開花結子，熟則裂而綿出，彈以爲絮，紡綿以爲布。絲粗質厚，俗稱太物。本產于天竺，其傳入我國，蓋在于足利氏末造，厥後播殖，遍于諸州。……（文集卷二）

此「大阪木綿業組合記念碑」本預定樹立在四天王寺公園內，以故，立在四天王寺寺內。此文一改少時好愛華麗之風格，以平易暢達出之，誠能反映天囚晚年平明質朴的心境。

大正十三年七月二十九日，天囚歿於東京，享年六十。墓在大阪阿部野。墓石正面以正楷書寫「文學博士　西村先生之墓」。其餘三面刻著內藤湖南所寫的墓誌。墓碑正下方的一對花瓶，刻有渡邊霞亭、山內愚仙之名。二人乃天囚的莫逆知名。

九

今「朝日新聞」有「天聲人語」的專欄。其名乃天囚所命者。㉑現今知道此因緣的人已不多了。

【附註】

①本文於西村天囚事蹟，頗多參考後醍院良正所編「西村天囚傳」上、下卷。後醍院氏另有「西村天囚傳」（「學苑」三四一）（未見）、「續，少時之天囚」（「懷德」三七）。至於有關天囚之論述，有昭和女子大學「代近文學研究雙書二三」中「西村天囚」（昭和四〇年，即一九六五年）。

②「豐山遺稿」一冊，大正十五（一九二六）年發行。

③「淨瑠璃」者，以三弦伴奏而說唱故事的藝術。（此註爲譯者所加者）

④見生方敏郎「明治大正見聞史」（中公文庫）。

⑤見武內義雄「先生之遺訓」（「懷德」碩園先生追悼錄）。

⑥參照「屑屋之籠」後篇末章「天囚居士小傳」之所載。

⑦此詩爲天囚所作之載記者，見於「堺利彥傳」（中公文庫）。

⑧見大正十三（一九二四）年八月一日「大阪朝日」。

⑨「浪花」乃大阪市上町台地以東地區之昔稱。故有以「浪花」指稱大阪地方。

⑩岡幸七郎之事，後文有敍述。是時，其在武漢等地發行邦人（日本）報紙。

⑪荒木見悟等編「龜井南冥、昭陽全集」（葦書房）收載龜井父子的著述。

⑫岡田武彥等編「楠本端山、碩水全集」（葦書房）收載楠本兄弟的著述。

⑬見載於明治四十二年九月五日「大阪朝日」的星期日副刊。

⑭ 此評乃武內視天囚如親之讚詞和感謝之詞。參照武內「先生之遺訓」（「懷德」碩園先生追悼錄」）。

⑮ 關於懷德堂之事，有「懷德堂考」二卷。大正四年懷德堂開堂式，天囚作「懷德堂之由來和將來」的演講。收載於「懷德」追悼號。

⑯ 竹治貞夫「楚辭研究」指出天囚之「屈原賦說」爲今日楚辭研究者首先必讀之書。

⑰ 此二詩與後醍院氏所引者稍異，今從「碩園先生詩集」。

⑱ 參後醍院氏「西村天囚傳」。

⑲ 同上。所謂「天譴」，乃既有一秩序體制，天能察知其動搖，而預爲降災，警告爲政者。說見春秋公羊傳。

⑳ 天囚所架構之理想的日本國，乃其青年時代所體會的「宋學」、「春秋學」的秩序。雖是保守的思想；就對全體物事的理解而言，明治維新以後的時代推移，乃屬必然產生的見解。舊此一見解乃發掘自沈潛於日本應中的優良傳統，於近代日本有極大的貢獻。

㉑ 此說從橋本循「西村先生的諸事」（「懷德」三七）。

（後記）町田先生之原文發表於九州大學哲學年報42輯（一九八三年一月）。其叙述西村天囚「南國記」、「九州巡禮」，頗涉及江戶以來日本漢學家及日本漢文學史，誠有介紹之必要，茲就九州出身之儒學家中，擇其要者及漢文學史之一二事叙述於后：

●三浦梅園（一七二三～一七八九），豐後（大分縣）國東郡富永村人。名晉，字安貞，號梅園、洞仙、巒山、季山、東山、二子山人、無事齋主人。初學於杵築藩儒綾部絅齋，旋即入中津藩儒藤田敬所之門，遊學長崎。志在窮究天地造化之理。三十歲之時，體悟「天地唯是一氣，氣外無物，物外無氣，一條之妙理，貫徹宇宙玄界之際，而神化莫測」之道，唱「條理學」。翌年，著玄語八卷二十八編，論陰陽消長之度，氣物融化之道。後，又著贅語、敢語，合稱「梅園三語」。天明年間（一七八一～一七八九）召聘爲杵築侯家老。寬政元年卒，享年六十七。所著今輯成梅園全集二冊。

●龜井南冥（一七四三～一八一四），筑前（福岡縣）人。名魯，字道載、道哉，通稱主水，號南冥、信天翁、狂念居士、苞樓。幼隨其父聽因學徂徠之學，後至長洲，入山縣周南門下，受徂徠之學。安永七（一七七八）年，拔擢爲福岡藩儒員。天明三（一七八三）年，幕府創立東、西學問所，見原益軒講朱子學於東；南冥講徂徠學於西。南冥爲甘棠館祭酒，勢壓東學。寬政二（一七九〇）年，幕府下異學禁令，南冥以失行而遭奪職。其爲人豪放直言，長於詩文，有關西一大文豪之稱。文化十一年沒，年七十二。

●龜井昭陽（一七七三～一八三六），筑前（福岡縣）人。名昱，字元鳳，通稱昱太郎，號昭陽、空石。南冥之子。幼從父學，寬政三（一七九一）年，遊山陽道，受業於德山藩鳴鳳館學頭藍泉之門。南冥西學見黜後，父子二人專事生徒之授課。寬政十（一七九八）年，遭禁而罷。昭陽學宗徂徠，倡南冥學說，所著「家學小言」一卷，明示其學問之根據。天保七年沒，年六十四。父子所著今荒木見悟等輯成「龜井南冥、昭陽全集」（葦書房出版）。

●帆足萬里（一七七八～一八五二），豐後（大分縣）人。名萬里，字鵬齋，通稱里吉，號愚亭、西崦。十四歲時，師事脇屋蘭室。二十一歲，至大阪，受業於中井竹山。其後，又師事皆川淇園、龜井南冥。學究和漢古今。其經學以程、朱爲本，兼採漢唐注疏，折衷徂徠、仁齋、履軒之學，自成一家之言。文化三（一八〇六）年仕日出藩儒學，天保三（一八三二）年，補家老職。六年，教授家塾稽古堂之子弟，與三浦梅園、廣瀨淡窗並稱三偉人。嘉永五年沒，年七十五。諡文簡。著有帆足先生文集、井樓纂聞、四書標注等書。

●廣瀨淡窗（一七八二～一八五六），豐後（大分縣）日田人。名建，字子基，通稱寅之助，號淡窗、苓陽、青溪、遠思樓主人。十六歲，入龜井家塾，從南冥、昭陽研習經業。天生體弱，不得四方遊學、授業，乃於鄉里開設咸貞園私塾，教育子弟。從學者四千餘人。其學不偏主，而兼修經學、老莊，形成其獨特之學風。善詩文，有「西海詩聖」之稱。安政三年沒，年五十七。所著今輯成淡窗全集二册。

●廣瀨旭莊（一八〇七～一八六三），豐後日田人。名謙，字吉甫，號旭莊、梅墩。淡窗之弟。十七歲時受業於龜井昭陽。後至備後（今廣島縣），學於菅茶山。翌年，至肥前（佐賀）田代，教授於東明館。天保二（一八三一）代淡窗監督家塾，其後，於大阪開塾授徒。文久元（一八六一）年，歸日田，開雪來館教導子弟。旭莊長於詩，俞樾選東瀛詩，評之爲「東國詩人之冠」。其論詩，以袁枚性靈說爲主。文久三年沒，年五十七。所著今輯成廣瀨旭莊全集。

●楠本端山（一八二八～一八八三），肥前（長崎縣）人。名後覺，字伯曉，通稱覺藏，號端山、悔堂。十四歲時，入平戶藩校維新館，後至江戶，受業於佐藤一齋、吉村秋陽、大橋訥庵，研習陽明學。嘉永六（一八五三）年，歸藩，任維新館教職，兼侍講。明治維新之初，除權大參事，評論時事，建言時政。後歸針尾島，開設鳳鳴書院，教育子弟。其初學古學，繼奉陽明學，後受熊本藩儒月田蒙齋之影響，轉向山崎闇齋之學，崇信程朱之學。明治十六年沒，年五十六。

●楠本碩水（一八三二～一九一六），肥前針尾島人。名孚嘉，字吉甫，通稱謙三郎，號碩水、天逸。端山之弟。初隨平戶藩儒淺野鶉庵學，後受教於廣瀨淡窗、佐藤一齋、月田蒙齋。與吉村秋陽、春日潛齋、大橋訥庵等治陽明學之學者相交甚善。唯慕月田蒙齋之學風，與兄端山同歸趨於山崎闇齋之朱子學。明治元（一八六八）年，拜爲貢士，赴京都，出任漢學講席，叙大學少博士。三年，辭歸，於鳳鳴書院教導子弟。大正五年沒，年八十五。與其兄端山之所著，岡田武彥編成「楠本端山、碩水全集」（葦書房出版）。

●五山文學：

以京都、鎌倉之五寺禪師爲中心所作漢文學，稱之五山文學。所謂五山，乃建長寺、圓覺寺、壽福寺、淨智寺、淨妙寺之鎌倉五山及天龍寺、相國寺、建仁寺、東福寺、萬壽寺之京都五山。五山得鎌倉幕府之庇護，榮西於正治二（一二〇〇）年，在鎌倉建壽福寺，建仁二（一二〇二）年，在京都建建仁寺開始，其後陸續興建。至於五山文學，鎌倉時代歸化日本之一山一寧（歷任建長、建仁寺住持）等三人爲其先驅。其興盛，則在南北朝時代至室町時代之前期，其代表者，爲受業於圓覺、南禪諸寺住持），及自其門出之虎關師鍊（圓覺、東福、南禪諸寺住持）。雪村友梅（萬壽、虎門師鍊，且渡元歸國，歷任萬壽、建仁、建長諸寺住持的中巖圓月及出自夢窗疎石之門的義堂周信、絕海中津。室町時代後期，隨足利幕府之權力失墜，五山文學亦式微。五山文學前後約二百五十年，就文學觀之變化，可劃分爲三期。前期，從鎌倉末至南北朝時代，以一山一寧、虎關師鍊、雪村友梅、中巖圓月、義堂周信爲代表。中期、室町時代初期至應仁之亂（一四六七～七七），以心華元棣、太白眞玄、惟忠通恕、江西龍派爲代表。後期、應仁亂後之室町時代，以景徐周麟、橫川景三、桂菴玄樹、萬里集九爲代表。三期之文學觀，前期禪僧，如夢窗疎石，以禪爲尙，視詩文爲俗事而否定之；亦有以詩文爲助道之一方便，持肯定之論，如義堂周信。中期諸僧大抵如後者之論。後期則以參詩如參禪，提出「詩禪一味論」。再者，詩體亦前後有別，其初全爲漢文；其後漸次和文。景徐周麟曰：「吾徒、文字語言習中華之體，習禪之餘，著文賦詩爲山林之樂。然而辭有和臭，字亦和樣。中華之人視之，則皆云其閑文字也。」（翰林胡蘆集第八旭岑並四六序）則知其變。而是時禪僧與士族社會之交流頗密切，就同一詩題，公卿作和唱；禪僧爲漢詩，或五山文學興盛的原因之一。五山文學之時期，三體詩，古文眞寶廣爲傳頌，亦有讀杜甫、東坡、山谷詩集者。甚且有大量的注釋、抄本刊行。此類刊本，被稱爲「五山版」。五山文學之相關資料，有五山文學全集（上村觀光編）、五山文學新集（玉村竹二編）。

●日本宋學史：

西村天囚著，分上、下編及宋學史餘錄。其目次：上編㈠叙論、㈡宋學之由來、㈢宋學傳來者、㈣北條氏之文教、㈤宋學研究之嚆矢、㈥禪林之宋學者、㈦中巖圓月之尊信、㈧南北朝時代之學者、㈨岐陽之四書和點、㈩岐陽學派、㈩㈠公武＊之學風、㈩㈡足利學校與宋學、㈩㈢足利時代之新文藝。

＊公武者指天皇家及將軍幕府。

下編㈠桂菴之前半生、㈡菊池文學與桂菴、㈢島津之招聘桂菴、㈣日本最初大學的刊行、㈤桂菴之後半生、㈥大內文學與南學、㈦四書之訓點、㈧掖玖聖人—如竹散人、㈨惺窩訓點之疑獄、㈩文運之推移、㈩㈠文教之興隆、㈩㈡宋學一統之由來、㈩㈢王政維新與宋學、㈩㈣結論。

宋學史餘錄：薩摩之學風、伊地知潛隱傳。

●西村天囚之師承及其友朋。

白鳥庫吉—津田左右吉

池邊三山

狩野直喜┐
內藤湖南┘—武內義雄

安井息軒
（友）…
塩谷宕陰—西村城之助—西村天囚—武內義雄
　　　　—重野成齋
島田重禮

（西村城之助・重野成齋・島田重禮）—西村天囚
　瀧川龜太郎
　安井小太郎
　井上哲次郎
　市村瓚次郎
　岡田正之

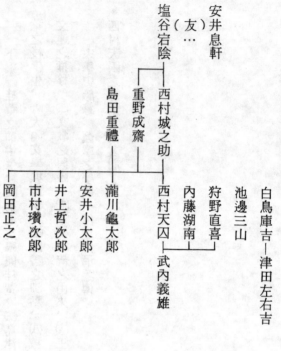

服部宇之吉及其所編「漢文大系」

一

叢書「漢文大系」在明治四十二（一九〇九）年至大正五（一九一六）年之八年間逐次刊行。其目的在系統的介紹中國古代基本典籍，並採擇其具有權威性之原注而刊行。提出刊行此叢書企劃案者爲坂本嘉治馬，命名者爲芳賀矢一，總編輯爲服部宇之吉。明治四十年時，坂本、服部四十一歲，芳賀四十歲，三人爲少壯知己。服部宇之吉曾叙述當時情勢。

明治四十二年時，有學生專攻漢文之學校，僅兩帝國大學之文科大學，兩高等師範學校，早稻田大學，國學院大學及二松學舍而已。其後帝國大學法文學部、私立高等專門學部之增設，漢文專攻或國語、漢文兼修之學生始顯著增加。是故漢籍之需求量大增，漢籍專賣店增多，兼營漢籍銷售之書店到處可見，相伴而來者，東洋學研究熱亦爲必然現象。值斯之際，富山房之刊行「漢文大系」，固可謂之順應時勢，而何嘗無承先啓後之意義在焉。

刊行已久之國文學全書，可謂之爲培養國文學常識之叢書。具備與此性質相同之漢文自有其必要性，惜未見。中國雖有種種叢書或叢刊之勘刻，而以養成漢文常識爲目的之編纂則闕如。我國古代雖有「經典餘師」，然淺近太甚，採擇範圍亦狹。近代，早稻田大學出版「漢籍國字解」，唯以國字解作爲教科書，則未必適宜。漢文大系採擇之範圍容經、史、子、集四部，並選輯其注疏，以叢書的形式刊行。

典籍注疏之選定，句讀、訓點、眉批、夾註之擔當者之選定，服部自任之。①

服部宇之吉爲漢文大系之總編輯，其餘參與解題、校訂者，重野安繹、星野恒、小柳司氣太、安井小太郎、岡田正之、島田鈞一、兒島獻吉郎、井上哲次郎等，皆爲研究中國學之一時之選。

此叢書最初預定編輯十二卷，在三年內完成，由富山房出版。第一卷「四書」於明治四十二年十二月，以堅牢豪華的菊版刊行。其後增入重要古籍，共收錄二十二卷，三十八種典籍，於大正五年十月出版「楚辭、近思錄」卷，全書編輯完竟。各卷收載書目及其注疏、解題者，如次表。

卷	書名	注疏	解題
一	大學說（章句）	安井衡註	服部宇之吉
	中庸說（章句）	安井衡註	服部宇之吉
	論語集說	安井衡註	服部宇之吉
	孟子定本	安井衡註	服部宇之吉

二	箋解古文眞寶	林以正注	服部宇之吉
	增註三體詩	周弼選　圓至註	服部宇之吉
	箋註唐詩選	李攀龍選　戶崎允明註	服部宇之吉
三	唐宋八家文上	三島中洲評釋	兒島獻吉郎
四	唐宋八家文下	三島中洲評釋	兒島獻吉郎
五	十八史略	曾先之編	重野安繹
	小學纂註	高愈註	星野恒
	御註孝經	唐玄宗註	星野恒
	弟子職	朱長春評	服部宇之吉
六	史記列傳上	凌稚隆輯校	重野安繹
七	史記列傳下	凌稚隆輯校	重野安繹
八	韓非子翼毳	太田方註	服部宇之吉
九	老子翼	焦竑輯	服部宇之吉
	莊子翼	焦竑輯	服部宇之吉
十	左氏會箋上	竹添光鴻會箋	長澤規矩也②

一一	左氏會箋下	竹添光鴻會箋	長澤規矩也
一二	毛詩	鄭玄箋　朱子註	服部宇之吉
	尚書	蔡沈撰	星野恒
一三	列子	張湛註　諸葛晃考	服部宇之吉
	七書	孫子十家註外	服部宇之吉
一四	墨子間詁	孫詒讓撰　戶崎允明考	牧野謙次郎
一五	荀子	王先謙集解　久保愛增註	服部宇之吉
一六	周易	王弼註　伊藤長胤通解	星野恒
	傳習錄	三輪希賢標註	安井小太郎
一七	禮記	鄭玄註	服部宇之吉
一八	文章軌範	海保元輔補註	島田鈞一
	古詩賞析	張玉穀選解	岡田正之
一九	戰國策正解	橫田惟考著　安井衡補正	安井小太郎
二〇	淮南子	許愼解	服部宇之吉
	孔子家語	王肅註　何孟春補註	服部宇之吉

二一	管子纂詁	安井衡纂詁	小柳司氣太
	晏子春秋	孫星衍校	小柳司氣太
二二	楚辭	王逸章句　朱子集註 岡松甕谷考	岡田正之
	近思錄	葉采集解	井上哲次郎

收載諸書，服部宇之吉爲之解題者，有十七本書，幾達二分之一。是知「漢文大系」乃服部宇之吉總其成者也。茲再以經史子集四部分類，考察此叢書之編輯旨趣。

經部

易經　書經　詩經　春秋左氏傳　禮記　四書（大學、中庸、論語、孟子）　弟子職　小學

史部

戰國策　史記（列傳）　十八史略

子部

老子　莊子　列子　墨子　韓非子　管子　荀子　淮南子　七書　孔子家語　近思錄　傳習錄

集部

楚辭　唐詩選　三體詩　古文眞寶　文章軌範　古詩賞析

顯而易見的，經部和子部的書頗賅足；而史部和集部的書則不免疏略。四書五經之基本經典既已搜羅，先秦兩漢子書僅呂氏春秋、春秋繁露、論衡未收錄。而史部則特別不足。何以資治通鑑及與史記並稱之漢書，或適當的史論等皆未收載，此或許是以上述諸書爲長編鉅著，致有所去取剪裁。集部之書亦有可議者，何以古來有名之文選，指導文章作法之古文辭類纂未選；而選擇平庸之古文眞寶和文章軌範，此或許與當時之社會背景、教育界之特殊事象攸關。就四部分類而言，漢文大系之側重經部和子部，忽略史部和集部之編輯旨趣，頗能顯示出日本漢學的傳統特徵。

二

服部宇之吉編輯漢文大系之目的，一者系統地介紹具有代表性之中國古籍及其精審之注疏。一者將幕末以迄明治年間，日本儒者之研究成果告知世人。茲逐一檢尋收載諸書注疏之旨趣，以參證其編輯之目的。

第一卷爲四書，顯示日本漢學之尊重宋學之學術傳承。至於四書之注疏，則採用幕末明治初年間，頗負盛名之安井息軒的注釋。其中，「論語集說」在幕末，由飫尾藩主伊東家刊行，其餘則爲未刊稿，乃以其外孫安井小太郎所藏，鉛字印刷而成。關乎安井息軒四書注疏之評論，服部宇之吉的解題曰：

先生篤信好古，鑽研經史。尤用力於漢唐註疏，參採衆說，發先儒之所未發者不少。……先生於四書，乃以古註爲本而兼採朱注，於清人考證之說亦善擇取。……先生執公不阿，能取捨古今之長短，考據最力，論斷最愼。

即安井息軒之著述，乃折衷於古注新註，唯善是取，且清人考證之成果亦頗參採，故考證精審，論斷愼重。此一研究態度，頗符合幕末之學術風尚，即不偏執於朱子學或漢唐注疏學之學派學統，而兼容並蓄，擷取諸家之長，故安井息軒之論語集說及大學說等書，即有注解持平之佳評。繼服部宇之吉於安井氏之推崇後，長澤規矩也亦有「大系收錄息軒著之理由，乃在於以古注爲主，而補入新注，並增益己見，頗利於學者閱讀」③之贊譽。亦即對於前代漢學家特出之四書注疏，有極高之評價。

「韓非子翼毳」的作者全齋太田方，是福山藩下級武士。其書乃在貧困中，全家合力，乃得以印行二十部，而傳爲佳話。服部宇之吉於此書的解題曰：

翼毳乃著者鑽研十餘年而成者。上自先秦諸子，下至清朝類書，廣泛涉獵以資參考。引旁讀韓非子、增讀韓非子等先儒之書及小川秦山、海塩道紀、塩田屯等說，又就舊註而取舍。……本書爲邦人子類出色之注疏。……人若能體會著者鑽研之勞與印書之苦，於此書之所得，豈啻理解韓非之學說文章而已哉。予所以取本書而編入漢文大系者亦在此也。

列子解題曰：

今取通行本並參照影宋本，爲分別釋文及後人增補，各以圈區別之。即以張注、釋文、增補之次第，區別整理通行本之註。且別附諸葛晃之列子考，冠一考字以分別張湛等注。諸葛晃仕姬路藩，注晏子春秋、法言、淮南子等。又精音韻、曆算。列子考一册不分卷。考證不可謂未賅博，其說可資參考者亦不少，惜未廣爲流傳故，特附之焉。

蓋有考證詳博，欲讀「列子考」，而傳諸葛晃之名於後世之意。

荀子之解題，於逐一介紹中國古來注疏後，作如下敘述：

本邦有物徂徠之讀荀子、冢田虎之荀子斷、久保愛之荀子增注、猪飼彥博之荀子補償等。而集先哲諸說以大成者，爲王先謙之荀子集解。今取集解本，附增注及補償。若以年代之先後而論，雖當以（久保愛）增注本爲主，而集解采擇廣汎，故以之爲主。集解與增注同者不少，既舉集解之說，增注删之似無妨，然於增注著者之苦心卓見，固不宜採後人與同之說，而沒却之，故不厭重複而存之，以爲本邦學者吐氣。

漢文大系之墨子乃收錄孫詒讓之墨子閒詁。服部宇之吉於例言中記載著：

（戶崎允明）墨子考必非善本，然爲邦人之著述中流布最廣者，今玆收之。又其所說有與閒詁暗合者，所以不厭重複而收錄者，誠有不沒我國先儒之美之微意在焉。

服部宇之吉之彰顯「我國先儒之美」及「爲本邦學者吐氣」之編輯旨趣，其他編輯者亦有共同之體認。如小柳司氣之安井息軒「管子纂詁」解題，管子書之研究較諸其他子書爲遲，即清代王念孫父子、洪熙烜之撰述刊行，管子書始清晰可讀。我國（日本）所通行之管子全書頗蕪雜，「至近年，猪飼敬所首開蓁蕪，安井息軒尋之，塗徑始通。」又岡松甕谷「楚辭考」附載岡田正之之文，亦有表彰先儒著述功業之希願。再者，收錄自二松學舍之「唐宋八家文」秘本，其書之三島中洲之評語，文格解說本之取裁選定，亦有發揚先儒成就之意趣。

其次，關於「常識性」集部書籍之選擇，服部宇之吉「古文眞寶、三體詩、唐詩選」之解題曰：

從來，於我邦，與四書五經共讀者，不得不推古文眞寶、唐詩選及三體詩。現在於文部省所示教員檢定受驗者之必讀書中，亦含古文眞寶與唐詩選。……以此三書爲專門學者之立脚地，雖有所議者，而中國文學之一般知識之獲得與一般趣味之養成，此三書至今尚不失爲良好之課本。

又，島田鈞一之「文章軌範」解題亦云：

我邦德川氏初世之風尚，苟學文章者，必先由此書（文章軌範）入，然後博涉他之集類，故戶藏家收之，現今，文部省在國語漢文科中等教員檢定受驗者之必讀中，加入此書。要之，欲養成中國文學之知識者，必以此書爲圭臬。

則所謂「常識性」書籍，即文部省之中等教員檢定考試之指定參考書。因此之故，眞正指導文章作法或網羅名詩名文之古文辭類纂或文選，乃未收錄於漢文大系中。

又重野安繹「十八史略」解題指出，此書自元祿以來廣受閱讀。如古賀精里「元明史略」序：「讀史之法宜由粗入精，先讀十八史略以捉要，次讀通鑑以求實。」即可知漢文大系之重實用之編輯旨趣。再者，「戰國策」之收錄，乃根據傳統所謂「韓非之文章，國策之敘事」之旨意，而選擇文章家必讀之書。亦即漢文大系之編輯，乃以便於學習，着重實用，尤以有用於當世，作爲其輯錄之基準。此一意義，服部宇之吉於老莊解題中亦有記述：

老莊二子之注釋者甚多。今取焦竑老子翼，其廣舉衆說，以便學者之鑽研。但所舉之說因章所取異，通全篇不得見一家之說，有所遺憾；然一家之說有所偏勝，得失可得相償。焦竑自身之說，章末之注及自家所著筆乘之說，可以窺知。

此「廣舉衆說，以便學者之鑽研」之觀點，於史記之輯錄而採「評林」本者，亦可察知。又衆多之四書註中，取安井息軒之說者，乃鑑於我國（日本）於四書註本之獨尊古註或專取新註，以致有偏向研究之缺失。安井息軒之注，旣折衷於新古之注，採集中日學者之說，又加己見，頗便於學習。此服部宇之吉編輯漢文大系之旨趣所在。他書如詩經、書經、楚辭亦併載新舊之注，誠學習漢學，極爲便利之教本。

在服部宇之吉之漢文大系諸解題中，尙値得介紹者，爲禮記一書之解題。此文或爲理解中國古今相承之民情俗尙的最佳史料，其曰：

中國以保守有名。近時顚覆六千年之歷史，一朝而爲民主共和國。世態人情雖可隨之而生大變化，六千年之歷史，於此方面則不許急激之變化。舊時之衣冠雖廢，人民多數未肯剪髮改裝。官吏雖是公僕，而威儀之飾無不如前情，多數之人民猶不改舊慣。況人情，豈與政體共一朝之變者。禮記是取自先秦以迄漢初間之材料，作爲世態人情之寫實，有今猶如古者。一部禮記供給解釋中國之豐富資料，措此書而論中國者，終自覺不得其正鵠者多矣。此書豈啻古典可尙者哉。

此文爲服部宇之吉於大正二（一九一三）年夏所作，充足表示其中國觀及編輯漢文大系之立場。

三

安井小太郎跋其岳父，篁村島田重禮遺文集之文曰：

本邦經術之盛衰，每與漢土同其轍，而後彼或百年或二百年，雖豪傑之士不能免。蓋注疏之學盛於平安，及南北朝，洛閩之說始入。至元祿享保之際，仁齋氏徂徠氏於東西倡古學排擊程朱。而後折衷、考證二家出，以至今日。姑不論平安，洛閩之入在元之大德以後。仁齋徂徠之說雖各異，不能脫明儒之餘習則同。若折衷考證則剿說焉雷同焉。夷考其說，皆襲漢土之舊說，不過追其後塵而已。④

此安井氏概括性地嚴厲批評日本儒學。茲較深入地環顧十八、九世紀的學術風尚，或能深切地瞭解日本漢學流衍及其成果。大體而言，日本在寬政年間（一七八九～一八〇〇），於各地設置藩校，學術普及於全國。故人才學術非止集中於三都，幽僻之地亦能培養出優秀之人才。再者，無地域性之限制，亦無煩雜之學問傳承之拘囿，以故，兼容並蓄之含容性與新穎之思考方式始得以產生。如柴野栗山（一七三六～一八〇七）之登場，即能察知林家之衰退，江都人才之缺乏。亦即此時之學術風尚有所轉移，而專擅學術風騷者亦有出身於鄉野者。

進而言之，所謂學術風尚之轉移者，蓋指朱子學派和古學派之着重政治實踐之志向，轉而折衷學派和考證學派之暫時自政治界引身，專注於學問知識之研習之宗尙。亦即轉換推移爲愛好藝術之趣味主義（dilettantism）取向。換而言之，乃從古來學術傳統或流衍之縱向發展之把握的立場，轉換成對目前學術發展作全面性的考察，而掌握同時代同性質之優良著述爲重心。此一唯善是取之立場，於己身（指日本漢學家）之思想尙未形成之際，又面對蜂湧而至之朱子學、陽明學，甚至漢唐之注疏學，清代之考據學等學術氾濫的景象，誠不失爲理想的對應方式。簡而言之，不論學術傳統和學術流派，唯善是取之觀點，乃運應而生。

就日本之研究而言，愛好中國之子書尤甚於經書。日本之受中國文化之決定性影響，雖不容置疑，却亦有其侷限性。如日本社會異於中國，能理解以禮制維繫社會結構之重要性；而於本質部分之體會則有界限及困難。此所謂之界限，乃是日本無禮經重點之一的科舉制度，因此，日本之領導階層，未有如中國執著於經書之必然性。相形之下，子書則較迫切。如幕府財政革新之重點，幕府內部秩序之確立，則頗參採子書之思想。如此，自經書中只取四書之論語作專注之研究。其精善之研究者，有龜井南冥「論語語由」、大田錦城「論語大疏」等著名。再者，研究宗向，則選採得以運用於現實之子書，如韓非子、孫子、管子、塩鐵論等非中國所謂主流之子書。日本於子書之研究成果乃集中於上述諸書。如漢文大系所收錄，安井息軒「管子纂詁」、太田方「韓非子翼毳」者，即其典型，亦爲日本漢學之一特徵。

管子一書，其首篇「倉廩實則知禮節，衣食足則知榮辱」（牧民篇）之文，見引於史記看來，可知古來之閱讀此書，乃以其「經言」爲中心。至於特別關心以研究此書者甚少，大抵皆視之爲雜著，而未曾有深入研究者，即便遲至清末亦少注目此書者，故文字訛脫，以致篇旨難曉者屢見不鮮。安井息軒之「管子纂詁」則是通解全書。其中一部份參考前人之注釋及考證，一部份則是獨自的見解及精詳的注疏。全書二十四卷，於元治元（一八六四）年刊行。安井氏之接觸管子，早在出書之二十年前的弘化年間。時仕飫尾藩主，藩主質詢有關管子書之內容，安井氏始閱心此書，以之爲三計塾⑤之教本。其友人塩谷宕陰於管子纂詁的序說：「其於諸子，最好管子。」何以嗜好素來即視之爲雜著的管子，安井氏自序曰：

史遷亦稱，（管子）其論卑而易行，善因禍而爲福，轉禍而爲功。驗之其書，其所言即其所行也。方今洋夷猖獗，擇其法而施之，必有能因禍而爲福。

又其與埋士遜書⑥曰：

管子云衆人之言，別聽則愚，合聽則聖。衡近者察之情形，益信夷吾之不我欺也。

蓋幕末之際，遭受西洋之衝擊而不知所措。安井氏則以爲管子書平淺而易行，頗益於現實舉措之施行。此誠深思熟慮，的當之論也。再者，首揭管子書輕重類用於經濟，提供藩內增產興業之課題的參考，並藉以批評當時朱子學者之陳義，或徒託空言而已。安井氏之用心當可察知。

管子纂詁一書固有參考前人之考證。尤以寬政十（一七八九）年所刊行，豬飼敬所（彥博）之「管子補正」的見解徵引甚多。豬飼「補正」一書，近人郭沫若於「管子集校」序文中，推崇有加，允爲考證詳審之著作。無怪乎安井息軒多所引用。唯豬飼氏之「管子補正」僅二卷而已，（早稻田大學出版社出版「漢籍國字解」之「管子」附錄此書）欲以之讀通管子全書，似乎是不太可能。如明趙用賢所說之侈靡篇等「錯雜而不可讀」，雖參考豬飼「補正」，亦難通曉其篇旨。安井息軒之「管子纂詁」則能彌補此缺憾。滯礙之「侈靡篇」，循其注解，一路研讀，終能解釋困惑，篇旨清晰朗暢。此不得不謂安井息軒於管子書，有精於考證，善於訓詁之功。

慶應二（一八六六）年，安井息軒請託往英國留學之中村正直，取道中國，冀求知名學者爲「管子纂詁」撰寫序文。中村氏不負所託，終得主掌江蘇治安及關稅事務之應寶時的承諾。應氏於同治六（一八六七，即慶應三）年，完成序文，由幕府派任留滯上海之名倉松窗帶回日本。應序全文共一千八百字，首述自己的見解、讀管子書而感困惑之疑問及對「管子纂詁」之質疑，末則稱許安井息軒於管子書考證訓解之功。其曰：

今得仲平之註，爲之訓釋其義，糾正其失，令數千年抵牾譌誤之書，一旦昭若發矇，如金砂珠玉之藏于深山大澤中，盡入于賈人之手，以應世之求者。甚哉仲平之有功于此書也。⑦

此序於明治三（一八七〇）年，轉交至安井息軒之手，其驚喜之狀蓋可想見。是時，其任昌平黌教授，可謂是日本漢學之代表者，世論評價甚高，頗可自負。而所著書，得到漢學之根源地，中國本土學者之推崇，誠爲眞正的肯定，故其欣悅之情固可推知。

同（明治三）年秋十月，「管子纂詁」之改訂版刊行，安井息軒曰：

（明治）庚午正月，清人應寶時纂詁之序傳自上海，過蒙稱譽，赧然自慙。……乃排百冗而再考之，正其謬妄，補其不足，一百一十有四，訂誤脫四十有四。應序所論，取其是而駁其非，又十有八，凡得一百七十有五條，合之考譌以附纂詁，予考正之力盡於此矣。

其誠實對應應寶時序文之糾謬及初版之誤脫，傾全力於考證改訂之作，乃可知之。是年，安井息軒七十二歲。⑧

綜上所述，管子纂詁之特色有二。其一，參採精擇豬飼敬所之「補正」，且增益自己精審之考正，通篇注釋之，而有極高之水平。其二，重視全篇文章之流暢，篇章難解者，概以平易之方式注解詁訓之。洵精詳之著述。

全齋太田方「韓非子翼毳」二十卷亦爲佳構。太田方於享和元（一八〇一）年出版的序文中，以謙抑的態度，簡潔的文筆，叙述其成書的始末。

余爲韓非子解，研精十餘年矣。未脫稿也，曩者城北巢鴨之衢，直突之災，咫尺藩邸，積年精力，殆將烏有焉。今玆購得活版，刷二十部。未定之述，宜緘篋笥，特懼一曙離于池魚，而無副本修舊業也。因刷以自備，豈公諸世哉。……夫多見聞而擇善者，大聖之則也，余寡聞少見，而未及擇善，抵牾重複，前後相仍，姑寓諸再訂焉。羞解說不爲翼，反爲讀者羈絆矣。

太田方所謂猶未完之副本，服部宇之吉解題曰：「著者十餘年之鑽研」及「上自先秦諸子，下至清朝類書」，凡有關連之書，無不涉獵參採而論考之。如此，太田方「韓非子翼毳」正可視爲考證學之範例。茲以下述三事證明之。

其一

外儲說右上「景公與晏子游於少海」章，「謳乎其已乎苞乎，其往歸田成子乎」，太田方改之爲「謳乎采芑乎，其往歸田成子乎」。太田方根據史記田敬仲完世家「嫗乎采芑，歸乎田成子」之文考證之。蓋「謳乎」與「嗚呼」同爲吟詠之辭，左傳昭公三年「民人痛疾，而或燠休」之「燠休」，杜預注曰「痛念之聲」，實「燠」音嫗，爲「謳歌」之義，史記田敬世家即作「謳歌陳成子」。「其已」二字衍。「乎苞」宜作「采芑」，「芑」，爾雅郭注「白粱粟」，詩小雅南有嘉魚之什，即有「薄言采芑」句。「其往歸乎」猶「盍歸乎來」，皆勸誘之詞。故上文讀爲「謳乎采芑乎，其往歸田成子乎」，是正確的。

其二

外儲說左上之二則寓言：

趙主父令工施鉤梯而緣潘吾。刻疎人迹其上，廣三尺，長五尺，而勒之曰：主父常遊於此。

秦昭王令工施鉤梯而上華山。以松柏之心爲博箭，長八尺，棊長八寸，而勒之曰：昭王常與天神博於此矣。

二則性質相近之連章寓言，太田氏羅舉三條相關之記載，批評古代帝王所爲虛妄之事，非止一端而已。

其曰：

穆天子傳云：穆王五日觀於鍾山，乃爲銘迹於縣圃之上，以詔後世。又山海經中次七經苦山之首曰：休與之山，其上有石焉。名曰帝臺之棋。（郭璞）注：帝臺，神人名，棋謂博棋也。蓋秦昭襄、趙主父皆好名之主，故倣之以紀功德也。風俗通云：武帝與仙人對博碁，馬蹄迹處于今尙存。虛妄若此，非一事也。

則可知帝王登山刻石，表立名號，以爲不朽，乃當時尋常事也。

其三

韓非子難篇有四篇，就文章形式而言，前三篇與第四篇有異。前三篇是先有前提性叙述的寓言，之後以「或曰」的叙述，論難此前提。難四則有兩則「或曰」的叙述，前者論難前提性寓言，後者則另起議論批駁此一論難。玆節錄難四之文說明之：

魯陽虎欲攻三桓，不剋而奔齊，齊景公禮之，鮑文子諫曰不可。……景公乃囚陽虎。（或曰）臣主之間，非兄弟之親也，……臣之忠詐在君所行也，君明而嚴，則群臣忠；君懦而闇，則群臣詐。知微之謂明，無救赦之謂嚴。不知齊之巧臣，而誅魯之成亂，不亦妄乎。（或曰）君明而嚴，則群臣忠。陽虎爲亂於魯，不成而走入齊，而不誅是承爲亂也，君明則知誅陽虎之可以濟亂也。……今誅魯之罪亂，以威群臣之有姦心者，而可以得季孟叔孫之親，鮑文之說，何以爲反。

右例以知，二則「或曰」之叙述，並非完全針對前提性叙述，加以論難；而是後者別立論點，批判前之議論。此一形式與此篇之後的「難勢篇」相同。關於此一文章形式，太田方以爲前者之「或曰」乃時人之持論；後者之「或曰」則是韓非的論說。即後之「或曰」乃「解前或之難」也。姑不論此見解之的確與否，分別二「或曰」爲時人與韓非之論的看法，誠有發前人所未發的價值。

如此看來，最初之例，是旁徵博引，一字一句細密地考證。其次，擇取諸書之記載，參證韓非子之寓言，歸納其時代之共相。再者，考察其書之內容，判然分別韓非思想及他流派者。太田方之不局限於文字訓詁，而作全體通觀之用心，蓋可知之。

「韓非子翼毳」之另一特徵，是主張全書首二篇，「初見秦」、「存韓」爲後人之作，而置之附錄。此前人未發之作法，太田方或有眞確的法則作據，故如斯取捨。唯未見其有力之證據，此雖不免有點遺憾，而其之於全書之細膩考據與相關記載之歸納整合，宜有極高的評價。

收載幕末以來日本漢學成果之漢文大系，除上述學者諸書外，另有海保漁村、諸葛晃、久保愛、三島洲、竹添井井、岡松甕谷等人之著述。如岡松甕谷之「楚辭考」，是日本人最初注解楚辭全書者。此書以「補舊注之不足，正其不是」，而備受推崇，又以「行文簡潔，所說穩健」⑨，而有好評。再者，此書與岡松甕谷「莊子考」皆爲家傳稿本，於明治四十三（一九〇八）年，由其子二人刊行。發行數量極少，若非「漢文大系」收載之，終不免爲後世之人所遺忘而亡佚不傳。又如竹添井井「左氏會箋」三十卷，以日本宮內所藏「春秋左氏傳集解」爲底本。雖頗承襲其師龜井昭陽「左傳纘考」之說，而注解之文字清晰朗暢，致使日本古來即酷愛之左傳，以易讀而更爲流傳。「漢文大系」編輯之際，以此書篇幅甚鉅而分上、下二卷，再加上訓讀漢文之訓點，以便於翻閱。更使左傳成爲學習漢文者皆能誦讀之書。「漢文大系」編輯之用心，可以知之。

四

「漢文大系」非止收載日本研究漢學的佳著，亦輯錄中國本土近人之著述。如王先謙之「荀子集解」、孫詒讓之「墨子閒詁」。前者於光緒十七（一八九一）年刊行，後者於光緒十九年完成，附兪樾之序以刊行，則在二十一年，即明治二十八（一八九五）年。此二書出版後之十數年，日本復刊出版中國最新之漢學研究成果。服部宇之吉、牧野謙次郎於解題中，眞確地指出，「荀子集解」、「墨子閒詁」爲今日研究漢學者常備必讀之書，誠知人之言。

明治時代的漢學，一般而言，由於新傳入之西洋學術興盛所致而漸趨衰微。然則深入探討之，明治一代是日本漢學的隆盛期。唯並非持續鼎盛，隨著明治的結束，漢學的研究亦由盛而衰。追溯此一發展軌迹，其興盛的原因，主要是因爲維新後教育的解放。包含農民在內，任何人都毫不顧忌地接受教育，此一現象可由明治初年以來，私塾的興盛林立，顯示出來。此中，專授英文，數學的塾舍固然有之，絕大多數者，則是失去俸祿的武士所開設的私塾，而彼等所講授的，自然是自己所塾悉的四書五經。社會大衆能識字，也體認學問和教育的重要，即使自己沒有接受教育，總希望自己的子女能成材。再者，明治十年左右，報章雜誌等出版事業勃興，都市人口迅速激增，各項訊息的需求亦隨之而至。最値得一提的是，報紙「文藝版」的出刊。舉凡日常的感懷，新鮮的經歷，如刊載以漢詩歌頌西歐異國的風物及對此詩的評論，廣受讀者的喜愛。以故，二十年代，漢學熱達到頂點。當時文人尙能以漢詩的形式來達自己的感情，故漢文結社亦熾盛於此時。而明治的輔弼大臣於漢詩文頗爲嗜愛，或助長漢學熱發展的原因之一。

明治三十年至末葉，日清、日俄戰爭勝利，亞洲先進國家的地位鞏固，中國來的留學生增加，無形中，日本對亞洲的關心，也以中國爲主。從事中國語教本的編著，即在此時，漢詩詩壇，以森春濤、槐南父子爲中心而鼎盛至極。服部宇之吉等編輯的「漢文大系」即順應此一潮流風尙而企劃出刊的。然則，時代確實地改變，漢學界亦不免。曾經是經學、文章之練達者，全然改貌爲文章是次要的嚴厲批判者。漢詩文之創作的時代結束了。所以，順應漢學隆盛之時機，主張原注主義以刊行的「漢文大系」，也必須爲原典的白文作句讀及日本漢文訓讀的訓點之工作。此時，提倡日本主義者，開始提出揚棄華麗的形式之創作，轉換爲內在實質的研究。如內藤湖南、白鳥庫吉，即主張從漢學的內部脫離「漢學」之說。⑩

時代的因革，導致學術轉變。「漢文大系」的刊出是時代的句點。因爲「漢文大系」固然標有訓點，却始終貫澈原注主義。至於相同時代所出版的「漢籍國字解全書」（早稻田大學出版會）、「校注漢文叢書」（博文館）、「漢文叢書」（有朋堂）、「和譯漢文叢書」（玄黃社）、「漢文大成」

（國民文庫）等書，全然標注訓點和訓讀，至於原典之注疏則刪除殆盡。不僅當時如此，即便是後世，亦無與「漢文大系」編輯方式相同之叢書刊行。

昭和十一（一九三六）年出版的服部宇之吉（一八六七～一九三九）古稀（七十歲）記念論文集附有其相當詳細的自叙。又東方學會主辦的「談先學」的系列中，其弟子亦詳細叙述其生涯，並附載其年譜（東方學四六、昭和四八年七月出版）。上述資料固然詳細，却完全沒有載記服部氏與「漢文大系」相關連的事。年譜僅記錄「清國通考」、「北京籠城記」、「儒敎和現代思潮」、「孔夫子的話」等日記或論著而已。至於明治、大正十年間，傾全力以編輯「漢文大系」之事，服部宇之吉不說，弟子及相知者，且無一人談及之，就不太能理解了。

通觀「漢文大系」之編輯旨趣，在網羅足以養成基本常識之中國古籍，進而貫澈其原注主義。再者，亦能彰顯日本漢學家之研究成果。尤其以原注主義，於今日之中國典籍之學習，頗有助益。姑不論商業之營利觀點，左氏會箋等書之復刊，於學界不能不說裨益甚大。當然，漢文大系之編輯並非完全沒有缺點，如經典之選輯，經、子賅足而史、集疏略。內容亦有可議者，如解說之長短精疏不一，尤以竹添井井「左氏會箋」之缺乏解說，爲最大的缺點。此一現象顯示出，重野安繹、竹添井井爲明治末年漢學界最受尊重之耆老，致有如上之缺點，爲「漢文大系」於注疏解說形式，未能統一之缺憾。

服部宇之吉領導研究中國學之一時俊，共同統籌編輯「漢文大系」，其遭遇諸多困擾，以致身心疲憊的情形，概可想見。然終能在安定持續下，歷十數年而順利完成，則主其事者非有巧妙的運籌協調能力，恐不易達成此事。要而言之，「漢文大系」的刊行，正值日本近代國家確立的明治四十年代。基於對中國的關心，對應教育界的迫切需求，乃搜羅中國古典，日本幕末以來研究漢學之成果，進而彰顯日本漢學者之成就於世，吸收近代中國之學術精華。再者，又着重中國典籍之原注，故綜括日、中之研究成果，誠爲劃時代之編輯。此事業之能順遂完成，任總編輯責任之服部宇之吉誠功不可沒。

⑪「漢文大系」非止作爲研究日本幕末以來漢學史之重要資料，探討日本近代學術之究竟者，更不能忽略此叢書。

【附註】

①「富山房五十年記念之際」，昭和十一（一九三七）年「富山房五十年史」所收。

②「漢文大系」首先指出「左氏會箋」之解說不足。近年刊行之補訂版，則增附長澤規矩也之補註，使原本解說不足之缺憾得以彌補，且「漢文大系」選輯注疏精詳之旨趣，亦得以一貫。

③長澤規矩也於「漢文大系」（一九八八年版）第一卷「四書」解題。

④安井小太郎「篁村遺文跋」（「篁村遺稿」卷下所收）。安井氏的文章接著又說，島田重禮（篁村）學有專精，能補日本漢學之缺，惜述作未成而去世，致有遺憾云云。

⑤塩谷宕陰「管子纂詁」序。

⑥安井息軒「息軒遺稿」卷二。

⑦ 見「管子纂詁」序。

⑧ 安井息軒改正之事，參照町田三郎「關於管子纂詁」（國際漢籍會議論文集，一九八七年台北聯經出版社印行）一文。

⑨ 竹治貞夫「楚辭研究」（一九七九年風間書房發行）三五〇頁。

⑩ 參照內藤湖南「邦人讀書之弊習附漢學之門逕」（內藤湖南全集卷二燕山楚水、禹域論纂、一九七二年筑摩書房發行）。

⑪ 編輯者之成就未必得到正當評價者，非止服部宇之吉一人，大正、昭和年間編修「日本古典全集」之與謝野寬亦然。

（後記）町田三郎先生原文於九州大學文化史紀要第34輯（一九八九年三月）發表。

津田左右吉與武內義雄

——關於大正期道家思想之研究

一

日本於中國的研究，歷史甚長，其中自然有輝煌之成果。唯此一傳統的中國研究，即所謂的漢學，與其說是客觀冷靜地處理中國諸文化，不如說是承擔別個特種意義爲主。即未必爲純粹地學問的追求；而是教義修養的責成。是故，近代之中國學研究，需從超越漢學之教義性格爲起點，走向獲得人文諸科學之環屬位置的道路。

明治三十三（一八九九）年，內藤湖南指出日本處於東西學術集中，創造第三文明之適切位置；唯「漢學宿老」若拘泥於德川末世之偏狹學風，則不能進步。譬如清代學者，顧炎武、戴震、錢大昕等已如「歐西近時學士」之追求合理性。故日本亦宜提升現階段清朝考證學之學術水平，確立研究方法，鞏固東洋學術之基礎，進而拓展世界文明之新里程①。與內藤氏同時之白鳥庫吉，則跳脫漢學的範疇，以世界學界爲目標。一則警告沈醉於以訓讀漢文爲「特技」的學者，自己則專注於中國周邊諸國的研究。其雖脫離漢學；而研究則有斐然的成就。繼承內藤氏之學風者爲武內義雄；發揚白鳥氏之學說者，則是津田左右吉。二人活躍於大正末期至昭和年間，傾其全力於中國思想史的各分野之研究。綜觀二人之著作，蓋超越了傳統漢學之教義修養，確立近代之中國學研究宗尚。

以下的論述，嘗試以武內、津田二人的成果爲中心，探討二人於近代之中國學樹立了什麼研究方法、有何學術成果，對於後代的研究有何影響等問題。進而綜合其成果，集中檢討其於道家思想史的研究，到底有何貢獻。②

二

以內藤湖南、狩野直喜爲中心而創刊的「支那學」（大正九年），確實是近代之中國學研究的劃時代雜誌。實質上負責編輯「支那學」的是，內藤、狩野的門下，青木正兒。其於創刊號發表「以胡適爲中心之文學革命」、「今古奇觀和英草紙和胡蝶夢」，評論沸騰之現代，並極早即注目俗文學之研究。之後，又於第五期發表「日本支那學革新的第一步」③，主張如何從言語構造之基本研究，推展中國學之研究。在此一階段，青木氏所研究的對象，並非完全是傳統「漢學」的範疇，此一研究誠甚值得注意。再者，此一京都漢學學派之宗尚，事實上，在大正五（一九一六）年發刊之「册府」的論說中，已顯著地指陳出來。當然，探尋此一學術形成之背景，在此之前的明治末年，學風大抵形成。即由內藤、狩野二人所提倡的「具備中國當代考證學的學風和步調」之新學風。亦即所謂「京都漢學」，既非陳腐之漢學，亦非過度追逐時髦之淺薄的學問宗尚。④

武內義雄亦以「支那學」爲主要的發表園地，展開其學術研究之活動。如「列子寃詞」（一卷四號）、「關於子思子」（一卷六號）、「曾子考」（一卷七號）、「桐城派之圈識法」（一卷八號）、「易州一瞥」（一卷九號）、「關於南北學術之異同」（一卷十號、十一號），庶幾第一卷中每號皆執筆。唯上述之論文非議論現代、探討民衆思想之現代革新的作品；而是堅實之實證論文。再者，「列子寃詞」、「易州一瞥」爲其日後諸子學研究踏出第一步。故諸論著乃武內氏習作時期所探尋的方法論，逮及武內氏遷居仙台後，「老子原始」、「老子之研究」、「論語之研究」等鉅著之發表，乃以早期之方法論而形成其「武內學」之漢學研究成果。

津田左右吉則謂：「我未聽講過任何有關於日本古典等課程，至於中國的學問除了在小學時聽講外，也一樣未曾接受。」⑤蓋津田氏乃自學而開拓自身的學問之道。故其說：「國史、國文學乃至於漢學，未曾接觸過。在這個世間，我不屬於私學，亦非官學，只有我自己。」⑥雖則津田氏以「只有我自己」過完其生涯；然而津田氏似不能否認其多少受到白鳥氏的影響。如津田氏之知道「世界各民族間多少有直接或間接關聯；而各民族亦有其特殊性。」⑦乃與白鳥共同研究所受到的啓發。再者，衆所周知的，津田氏對明治維新的意義闡釋極有興趣。由於這個緣故，津田氏以爲有全盤把握以前日本人生活狀況的必要。由此進而從事日本前代之研究。再者爲了明瞭日本，又有必須深入理解朝鮮和中國的自覺。故到大正中期還持續撰寫「國民思想之研究」的同時；也發表了「朝鮮歷史地理」（大正二年）、「

肅愼考」（大正十四年）等一連串朝鮮研究之論著。如此，逐一地從事特殊問題的學問研究，一則修得原典批判的方法；一則也有「如果不從中國的思想，或生活態度的方面去思考，無論如何也不能瞭解事情的眞象」⑧之自覺，故其主要的關心乃轉向中國。事實上，從大正（一九一一～一九二五）中末期開始，津田氏的論文，「古代中國人的宗教思想」（大正九年）、「有關中國的開闢神話」（大正十年）、「古代中國之天及上帝的觀念」（大正十一年）等發表，可以看出其潛心於中國的研究。不久，「我近時從早到晚沈浸於老子或莊子書中」⑨（大正十五年），乃其學術研究轉換之生活寫照。在此心境中，發表「道家之思想及其展開」（昭和二年）。之後，陸續產生「論語及孔子之思想」、「左傳之思想史的研究」等有關中國學的研究。

武內、津田氏雖以個別不同的方法從事學術研究，而在「人之不顧支那學，莫甚於當代」（支那學發刊辭）之時代，埋首於中國學之研究，且有確立近代之中國學的決定性著作傳世。玆從武田、津田之研究，探討二人於道家思想研究的成果。

三

武田義雄於大學畢業之際歸返鄉里，是時與內藤、狩野之友人相會而受教。讀老子書，以其書多錯亂而難讀。武內氏以爲老子書大體爲韻文，若考察其韻，或可正其錯亂。故欲正確地通曉老子書，非從古韻之研究入手不可。此一見解於當時是頗卓拔的。蓋與之同時而刊行之高瀨武次郎的「楊墨哲學」、服部宇之吉的「漢文大系」之老莊解說，或對典籍的記載抱持疑問；却未見有任何對原典批判之字眼，只是將典籍本身的記述，作思想的組合工作而已。故對老子書存疑，且注目於音韻的觀點，在當時誠然是超拔的見解。唯當時武內氏對音韻絲毫也不瞭解。其後，偶然看到兪樾「老子平議」指出「道之爲物，惟怳惟惚。惚兮怳兮，其中有象。怳兮惚兮，其中有物。」（二十一章）五、六二句宜在「惚兮怳兮，其中有象」二句之上。以上四句一韻，第五句轉韻之故也。武內乃知道依據押韻情況可以正錯亂的例證。此後，武內乃研究古韻，且採取以古韻校正老子書錯亂情形的方法，發表「老子韻說」。此文其後改寫成「老子考」（藝文八卷九號）⑩，也發展成武內氏老子研究之基本的方法論。

> 老子爲孔子前輩，曾爲周室官吏。年老渡西方之關，應關尹之求，作道德五千餘言。此爲古來相承的傳說，可疑之節甚多。

此文是大正十五(一九二六)年九月刊行，武內氏「老子原始」序文的開端一段文字。序文非但懷疑此一傳說，且以老子非早於孔子，乃後於孔子之孫，子思，稍早於孟子的人物。道德五千言非老子自述者，乃後學將口傳文章化的編輯，其中竄入錯簡者甚多。

當時以老子先於孔子的看法，是衆以爲然的常識。武內氏否認此說。此非武內氏敢持異說，乃熟讀老子書，反覆考察，比較核對相對典籍資料而得的結論。武內又以爲，若要詳細論述，必須字字考察，句句論證以成一部書。故於昭和二年寫成「老子之研究」一書。書分上、下兩卷，乃以「老子原始」爲基礎，包含武內氏之校勘學、考證學、思想疏解，乃至方法論，即「武內學」皆明確地指示。書之組成：上卷有㈠老子傳之變遷和道家思想之推移、㈡老子及其後學之年代、㈢漢以前道家思之變遷、㈣道德經之考察、㈤道德經之研究方針、㈥餘論、㈦道德經注釋書之解題。下卷全爲「道德經析義」。武內氏以爲下卷足以誇耀者⑪，乃其徵引古來學者所未見得者以爲考證，因此作爲前提之上卷的論考乃能成立。而上卷之㈢「道德經之研究方針」，作爲全體方向之指陳，尤有重要的位置。

其次，現存的老子版本有數種，由於久經翻刻傳寫，或以一處而言，諸本未必全同。故第一要務，乃比較今傳諸版本，確定正確之版本。就今傳諸本而言，具代表性者爲王弼本、河上公本、傅奕本、開元本四種。故當急之務乃考察此四種版本之據以傳抄之版本或碑文。武內氏乃盡其心力於此項工作之探索，終校訂諸本之異同，審定出精善的版本。唯此本僅推溯至魏晉，依然與西漢時代之抄本有異。不過，即使恢復西漢舊本，也未必與原本完全相符。蓋以文獻不足，但求所據以論證的版本精善而已。故其次的階段，則據此精本，進行內容、思的分析和考校。武內氏考校的法則有三：

(1)區別有韻和無韻的部份。

(2)有韻的部份，根據用韻情形，校正誤字錯簡，區別章節。

(3)有韻的部份或有老子後學的文字，蓋與道家變遷之大勢相合，視爲後出而刪去之。

(1)之例，如二十六章：

重爲輕根，靜爲躁君。是以聖人終日行，不離輕重。雖有榮觀，晏處超然，奈何萬乘之主而以身輕天下。輕則失根，躁則失君。

其中「是以聖人……身輕天下」之散文形式者，乃後人之敷衍成文也。僅首尾四句爲老子之語。⑫此可由韓非子喻老篇之文章得到參證。⑬

⑵之例，如二十二章：

曲則全、枉則正。窪則盈、敝則新。」少則得、多則惑。是以聖人抱一，爲天下式。」不自見故明，不自是故彰，不自伐故有功，不自矜故長。夫唯不爭，故天下莫能與之爭。古之所謂曲則全者，豈虛言哉，誠全而歸之。

以用韻的情形觀之，全章可分爲四節。最後一節（「夫唯不爭……誠全而歸之」）非韻文，乃後人所增飾者。前三節或可視爲語義相連的敍述；亦可視爲單獨成立的數句格言。唯第二節之「聖人抱一」一句，古來注釋家以爲一、二相連，「抱一」乃承接前六句而做的說明；然則，細考其用韻情形，此一陳說並不能成立，蓋押韻不同，不得視爲相連的敍述。⑭

以此分析，進而整理老子書，大抵可以無誤地掌握道家思想之推移變遷的大要。至於其大要，既已於上卷之㈢「漢以前道家思想之變遷」記述詳盡。茲略記其要如下：

所謂漢以前的道家思想蓋可區分爲前期和後期。前期是以老子爲中心之西元前四〇〇年至三五〇年間。代表人物爲老子、關尹、列子、楊朱。其思想大抵無異，僅處世或修身之法稍有差別而已。後期爲西元前三五〇以後之百年間，田駢、愼到、莊周、韓非等人爲代表。此時期雖同謂之爲道家，田駢、莊周和愼到、韓非的學說却相差懸殊。前者（田、莊）嚴守道家的範圍而立說；後者（愼、韓）則一轉而爲道家人物。此後，各思想家樹立學派，即有莊子天下篇、呂氏春秋不二篇，荀子非十二子篇、淮南子記論訓等諸子品騭的篇章產生。

其次，就道家思想之發展的主角而言，莊子或重要於老子。故欲探討道家思想之展開的情形，非詳細地考察莊子書不可。再者，莊子書問題之多且不少於老子，武內氏於昭和五（一九三〇）年著「老子和莊子」一書，曾詳盡地探究莊子之篇章組成及思想形成諸問題。

武內氏以爲今本莊子三十篇乃晉以後的形式，原本篇數並非如此。蓋漢書藝文志著錄莊子書有五十二篇，後漢高誘呂氏春秋注亦謂莊子五十二篇。又唐陸德明經典釋文叙錄載記晉之司馬彪注本或有五十二篇。此五十二篇本乃由內篇七、外篇二十八、雜篇十四、解說三篇組成的，至於唐時是否流傳此本，則不可知。又釋文叙錄指出晉崔譔據五十二篇本删定成二十七篇本以作注。由世說新語所載以知，晉向秀即據二十七篇本以撰新注。此本含內篇七、外篇二十。晉郭象則據此二系統，重新組成三十三篇本，流傳至今。就篇數而言，今本較漢晉所傳之五十二篇本少十九篇。然則比較五十二篇本及二十七篇本的篇名及殘卷，實則郭象所删減的不超過十篇。如天下篇的前半爲評論先秦諸子的文章；後半自「惠施多方」以下，則叙述惠施一派詭辯的文字，與前半大異其趣。又考察陸氏釋文的音韻，此篇的前半爲二十七篇本的崔、向音；後半爲五十二篇注本的司馬彪音而已。再者，北齊杜弼注有莊子「惠施篇」，或六朝時莊子書有惠施篇，而今日天下篇的後半，即此篇亦未可知。由此可知，郭象或以二十七篇本爲據，再參酌五十二篇本以增補，編輯成三十三篇。據郭象跋所載，其所刪除皆怪誕或後出者，而所存以傳于今者，乃莊子之精華所在。

武內氏運用瑣碎之資料，詳盡地叙述三十三篇本的來歷。莊子版本之有異同雖衆所周知，唯如武內氏之論證以清楚說明三本之關係者，則未得見。故活用目錄、藝文志之武內考證學的內容，藉此論述充分地發揮出來。

至於如何處理莊子的原文，現行本由內篇七、外篇十五、雜篇十一等三部份組成。外、雜篇之區分固然曖昧不清；夙來所認爲是莊子自述的內篇，亦有一部僞撰羼入者。如大宗師篇即有之。故包含可疑之內篇文字在內，闡釋莊周其人之學說思想時，應以何爲基準而考察之。武內氏應此問題，曰：

> 以前人對莊周品騭的評語爲標準，與此無矛盾者則取之。蓋探索髣髴莊子思想者，除此或無適當的方法。……又能作爲考察基準之前人的評語，除荀子解蔽篇之『莊子蔽於天而不知人』和莊子天下篇記載莊子學問之概論外，別無妥當之評語。⑮

以此基準爲據，莊周的思想爲何。武內氏曰：

> 第一是「與天地精神往來而不敖倪於萬物，不譴是非以與世俗處。」（天下篇）第二是「上與造物者遊，而下與外死生無終始者爲友。」（同上）第一點之強調者是齊物論篇；詳說第二點者則是逍遙遊和養生主二篇。此爲莊周思想的中心。綜合此二者而主張超脫吾人自我的執著，隨順天道自然。此一主張乃符合於荀子解蔽篇「蔽於天而不知人」的評語。

莊子思想蓋於外、雜篇產生分化現象。武內氏以爲有㈠莊周門弟子所記述之部份、㈡稍晚之後學所記述者、㈢齊王建之時的載記、㈣秦漢之際的記載、㈤秦漢之際別派之篇章等五部份。其㈠之至樂、達生諸篇之思想與內篇相近，蓋與莊周之思想並無甚大的區別。其㈡之庚桑楚，徐無鬼等篇則將內篇全性保眞之說衍生成全生說及衞生經，且以知、仁背馳全體之目的而大加斥責。其㈢之駢拇、馬蹄篇再以全性說之立場激烈地排擊知、仁，且以爲無知無欲能得眞性。其㈤之讓王、盜跖篇更極力詆詈儒家思想，尤其是盜跖篇，假託盜跖與孔子的答問，譏諷堯舜仲尼之道。如此，其㈡、㈢、㈤等三類有濃厚的反儒家色彩。其㈣之天地、天道篇則相反地，採取與儒家調和的態度，併稱老聃、仲尼爲「玄聖素王」，且以「假道於仁，託宿於義，以遊逍遙之墟」（天運篇）爲「采眞之遊」（同上）。顯而易見地，乃以儒道折中的觀點立說。

上述蓋就「老子原始」、「老子之研究」、「老子和莊子」等書以窺武內氏之道家思想研究的大略。至於其問題點，評論等將敘述於後。然則武內氏之研究究竟爲時人接受多少，雖頗值得探究；唯此方面的資料却極爲缺漏，偶而只在「史林」第十二卷第一號中看到對於「老子原始」一書的評價。

絕對值得一讀的好書。……尤其是「老子傳」一章有警拔的見地。特別是針對史記老子傳大部份可疑的記載而探究，並擬訂老子的生存年代或在周威烈王到顯王初年。頗引起學者的注意。

又小柳司氣太之「老莊哲學」（昭和三年，一九二八年）以爲馬叙倫之「老子覈詁」和武內氏之「老子原始」、「老子之研究」並爲「學者必讀的良著」。今村完造之「新觀莊子」（昭和七年，一九三三年）則以爲中、日學者對於史記老子傳皆有存疑，而「研究最精密的是武內博士」。以上乃就偶而所見較顯眼之評論作一介紹。蓋對於武內氏之評價，皆集中於武內氏對史記老子傳之解釋，即老子爲何時之人物一點上。此一現象和武內氏「老子原始」之序參照考察，則僅止於老子傳之探討，乃昭和初期理解道家思想的一般水準。

事實上，武內氏所關心的問題，豈止是老子形像的確定而已。探究其意圖，乃以審愼地考察道家文獻爲基礎，進而構造老莊思想。至於其所運用的研究方法，乃援引目錄學、校勘學等實證方法，進行文獻資料的研究和批判。故武內氏所從事的思索檢證的研究活動，蓋遠遠地超越當時學界的水準和關心的問題點。就這一點而言，於武內氏研究的成果，宜有極高的評價。

四

前文已述，自大正末期以來，津田氏的關心即轉向中國，且朝夕沈浸於老子和莊子的研究。昭和二（一九二七）年，津田敍述此書曰：

費時甚久，好不容易才完成原稿，全文共有一千九百張稿紙。自去年七月一日開始動筆，從盛夏到秋風始吹，再從萩花之盛開到紅葉之散落，每日但以此事爲消遣。風寒之夜，霜白之朝仍執筆不輟，原本以爲大抵至此刻即能完成。唯歲暮虛度，今年花開之際仍未寫竟。直至初夏的現在才脫稿。前後共花十個半月。⑯

此文之後的四個多月，津田氏又寫著：

全文校正完畢，頗有如釋重負的感覺。近日經常思考著，爲何撰述此文。結果不過爲自己的世界而已。和藝術家創作形的世界或色的世界或音的世界一樣，我也只爲了創作自己的世界。此世界或有某種價值，我自己並不知道，自己只有撰述此文的興趣。人人擁有個別的世界，安立於各種特殊的世界中，故人人的世界只有其個人的世界。至於將各種形狀客觀化是藝術家的工作，而學問的研究畢竟也是相同的。從去年以來的一年多的歲月，雖只創造了一個小小的世界；但也得到小小的滿足。⑰

「道家之思想及其展開」之寫成及校正完竟之日，各有如上的二文。津田氏以特有的筆調傳達其長久不懈之執筆著述的日子及滿足於自己所創造的小世界之感受。津田氏雖於文中指出未必有何價值；實則深究其書之記述，蓋有如下的用心。

「古代中國的思想，是由中國人生活所發展出的特殊的東西。故同樣是古代的印度人或希臘人，其思考方式或想法則是不同的。其眞義之理解，需以中國人的觀點看中國人的思想。如此，探討中國人的思想之如何形成時，就有從中國人生活的內面觀察的必要。」（序言）「茲嘗試言之，道家思想如何在世間出現，如何繼承，如何變化，如何展開」（緒言）等問題之考察，即思想衍化的動力，津田氏以爲有「思想及其產生背景之實際生活二者。前者又有思想的內在發展和外來影響二者；後者有學者之個人生活和廣大的社會生活。……如此，四者主動或被動的相互影響，或一波引發一波，回響又生回響等，相互連結融合，終究形成一學派的思想衍化。」（同上）唯此一學派衍生變化之研究，「流傳至今的典籍甚少，學者的傳記又不盡可知，社會生活的狀態未十分明白，故要精細地考察上述之古代中國思想界的種種事情，就非常困難，或者可以說是不可能。雖然如此，仍在不可能的狀況下，嘗試從現存道家典籍，分析其所顯現的種種思想。……再者，觀察當時思想界的趨勢及是時之社會生活背景，進而展開道家之全體發展的歷史研究。」（同上）

津田氏此一主要構想，乃徹底地探討個別與全體關連存在的問題。故其道家思想之研究，乃超越一家學派之思想構成，進而朝向古代思想史的研究。此意味著道家思想乃是津田氏爲了研究古代思想史所選擇的一支縱向發展的系列思想。此一研究的問題在於津田氏以相互印證補充的構想作研究的基點，其「道家之思想及其展開」的研究是否成功。津田氏自稱是不可能且大膽假設的企圖，誠然是正確的；唯實際上能有什麼程度的說明，則是個問題。茲檢尋其書的順序，逐一探究其書之要旨。

道家思想來自於對儒家的反省。其最初的形式是老子書，關於老子之成書年代，津田氏反對「其書甚古」的傳說。至於對於莊子的見解，津田亦與「誠爲世之通說」持不同的看法。其以爲與道家相關的研究，首先是典籍的研究，即非從確定成立之年代下手不可。故其書首先明確地指出道家諸典籍的性質、著作之年代。其以爲老子、莊子成書於戰國末年至漢初之際，列子書則斷定爲晉代之僞作。

老子的思想爲何，津田氏以爲通貫老子全書的是「天下治術」和「處世之方」的反覆縷述。其思想雖有文化史的見解、宇宙生成論之解釋、天地生成之道的考察；然思索空疏及矛盾之處頗多。至於老子之後，荀子書寫成之前，有莊子原本。荀子評此莊子書爲「蔽於天而不知人」。雖然如此，今本莊子頗有以天人關係爲中心的叙述，則或繼承荀子以前之莊子的思想，所發展而出的部份。就天人對立而言，天爲自然無爲之道；人則反之。此一思考雖繼承老子，唯老子之天人關係之論說並不彰顯，故莊子承繼老子之自然天道，其論題則以天人關係爲主，於思索的層次頗有進展，亦能指陳關心之方向。

莊子思索的對象乃由外轉向內。即由老子天下的觀點轉移至個人的視點。如性的觀念，老子無一言論及之。此之觀念雖本爲儒家之思想，莊子用以批評儒家思想，說明自身之思想立場。莊子之性是生命及其欲求之意，非助長育成而得，亦不能損害毀壞。故其以爲儒家之仁義禮樂乃損性之論而反對批判之。如此之性說和養生說之結合是極容易理解的事實。唯此一結合乃道家思想之衍化。即喜怒哀樂之情不動爲宜之素朴養生家的思想，亦即必須達到虛靜恬淡，無爲寂寞的心境，養生始爲可能實現。此一思想的流衍乃自肉體說轉移至心境說。雖然，則有下述的問題。若理想之生是無爲之生、虛靜之生，則需全然否定人之諸欲求，即非是「形如枯槁，心如死灰」（齊物論）的狀態不可。換而言之，不重視肉體的同時，相隨地也產生了輕生的思想。再者，由於素朴恬淡養生之追求，進而形成放棄生之欲求的主張。然而此一思想既提出，則養生之說即不成立了。

至於「虛靜無爲」之特殊心境是如何而得呢。莊子以爲不動感情，斷絕嗜欲之「物化忘物」的境地則可得「虛靜無爲」之心境。然則，具體地需要什麼修養的工夫，則是不爲外物所動而忘己。唯此一解答不過是虛靜心境之不同的字眼而已。對於莊子反覆重申無意義之叙述，津田氏提出以下的看法。

虛己則能應物順世，順世應物則能保其身。就心境的問題而言，物化是爲了心虛；就處世之術而言，虛己是爲了順世。此一心境之論乃既已破壞之老子的功利主義又復活了。（四三二頁）

老子以爲知生而大道廢之歷史觀的見解，又棄知而國治且民利百倍，故否定知。此一立場或就政治的層面而立說的，或以爲如此之知，人將如何對待，故主張棄知。莊子則探究知的意義，以爲知有界限，乃以相對之道否定之。然則知和不可道之道或有人如何處理和與人有何接的關係存在。故此一知之問則無法解答。道除了止於心齋的境界，否則無法說明的理由亦在此。此一思想的補充說明即是齊物論篇的解釋。齊物論是莊子繼承惠施和田駢之說而添增己見的看法。齊物論篇的特殊思想有：第一、是非乃人爲，無是非的境地即自然。第二、無是非之境界即是道。第三、違反道，即生是非之論。第四、所謂是非撥除之心境的修養，非知識層次的否定；而是忘却心知的執着。總之，對於時人是非混淆的情形，莊子並不追求是非判斷之一定基準，是否得以建立的問題。亦即全然捨棄是非。如此，則非探討本來眞實是何者的態度。

如上所述，所謂人之生，是意欲、情知之去皆有所不得的本然存在。故生是自然的存在，如日月在天之自然的存在，乃自然的現象之一。所以自然和人、天和人的問題，就必須解決。老子書及原本莊子即深入地探尋此一問題。其以爲自然是祈望達成的理想境地；而人爲則是違反此一理想的。莊子後學面對此一關係，則主張「人中有天」，即轉向個人的精神生活，以提出自然與人爲相對立之解答。即雖然荀子以爲原本莊子的思想是「蔽於天而不知人」，只是順隨天道而已；然而莊子後學，則以天道內在人之精神的立場，突破不知人的障蔽。且自然的人生是天，人性是自然之性，故率性即是道。如此，乃是天、性、道三者一體化的思想，誠然地，是推進一層的思考方式。

隨著時代的推移，社會的進化，就思想的發展或和社會的關係而言，道家的思想產生了衍化。如戰國末期以來，道家思想和社會習俗、儒家教義毫無關係存在的說法是不能成立了。道家初成之時，其所否定之社會規制、禮樂秩序諸觀念，即與政治有關的情事，逐漸地肯定了，進而表現出積極參與的姿態。老子之天下的觀點復活了，世稱之黃老的政治學派也登場了。

最後，道家學說在中國思想史中有何地位，有何貢獻，津田氏總括地說。

就與現實生活的接點，以論道家思想的功過長短。第一、思考方式推進一層。唯其比擬或連想之疊用，則是學問成就之障礙。第二、人應該是自然本有的存在。唯此一思想不免有矛盾和混亂之處。蓋由此衍生之肉體爲主之生活態度或保身受用的處世之方，乃爲當時的環境或現實本位之民族性或利己主義、獨善主義，權勢欲所歡迎而接受的基礎。思想較消極的道家思想，一方面往往流於理論極爲空疏；一方面，自人情世態中所傳達出來的訊息，講求保身之道的點上，誠爲追求實踐之思想。故就處世之方而言，道家思想固有其價值，亦能適應實利主義之中國人的性情。再者，對應於儒家徒束縛於外形，拘泥於名義，故往往流於矯飾和僞瞞而言，去形棄名的道家之思考方式，確實能取得實利。中國人的心理往往是兩面存在，且在相互糾纏的行爲上表現出來。此即儒家和道家並行於思想界之潮流的理由所在。然則就以實利主義爲根本而言，道家思想是中國人思想之最基本的本質所在。

「道家思想及其本質」以此博大精緻之論述爲結語。在此書出版發行不久之後，有二本雜誌作介紹和批評。一者是「史學雜誌」之三十九卷第六號、一者是「史林」之十三卷第三號。「史林」以簡單的篇章，作「貫通中國古今，論述思想界的趨勢，是中國學研究者應詳閱讀者」的介紹。「史學雜誌」則詳述其精細的篇旨外，盛讚津田氏之書「論理之透徹，識見之卓拔。……特別是不遺餘力地將從來之成說打破殆盡」。

二書評雖未能夠全盤反映當時的學界消息；津田氏之書確實給予學界很大的衝擊。畢竟武內氏之研究方法，乃綜合清朝考證學的諸方法，從事文獻考證的工作，較易給予評價。津田氏雖也有文獻批判的工作；其於莊子內篇或外雜篇之處理，則不像武內氏逐一檢尋，重新整合的研究態度，完全是分析、解體，而後再組成的作法。故津田氏之學識見解，簡單地說，是思想闡述而後論斷的形式。唯其論證却極縝密，即逐一確實地運用論據，有條理地展開論證的環節，促使讀者能清晰的理解。至於論證的內容，則充滿異於當時常識的新說。其推陳出新的論點，「史學雜誌」所給予的評價，對於當時拘泥於「史記老子傳」之記述的學者而言，產生極大的困惑是可以理解的。至於「應該閱讀」之較爲含蓄的評價，其對拘泥墨守者之貶斥的含義，亦可想像而知，且此一含義亦不無道理的。

茲姑且不論當時的評價，對津田氏執筆時的意圖而言，道家思想於中國古代文化的總體中，所佔歷史地位之探討，可以說是非常成功。蓋着眼於全體之通觀，津田氏盡其可能地申說論述其主要議題，可以說獲得適當的新的地位。在今日，其說固然有可批判之點；然而津田氏之論述意圖，是非常成功的。

五

以上概略地介紹武內氏、津田氏於道家思想的研究。至於二人之說於當時的學界產生何種程度的影響，以下稍敍述之。茲關於二人的著作及研究的方法，尚有二事值得提出探討的。其一、武內氏和津田氏皆遠遠地超越當時學界的水準而存在著。其二、二人的方法論有很大的差異。後者更值得注意。津田有「關於老子之研究法」（昭和八、一九三三年）一文，雖補述「道家之思想及其展開」，記載其方法論；其主要內容則針對武內氏「老子之研究」及其系列的學派，展開批判。以下就津田氏的方法及其與武內氏之學問的關係，作一說明。⑱

津田氏之老子研究，首先要確定老子書之著作年代，藉以給老子眞精神予歷史的地位。唯歷史定位之外在證據，今日並不遺存，且文獻並未發現，故不得不轉而探究內在證據，即老子原文的細繹。唯老子之本有思想爲何，得否藉以知曉老子原文。如此，非知悉道家學派之思想衍變不可。唯其與先秦至漢代之思想的發展之相互關係，並不能正確的把握，故其內在證據亦不存在。如此，對於老子本文的批判，就總體而言，只有與中國古代思想史研究有關連的老子本文之探究才有可能做到。唯此相互補充之思想史的把握，就方法論看來，很明顯地有矛盾存在，故「外在方法不得有太多的期待」之現狀，只有避免。

內在證據既不可引用，老子之固有思想又如何探尋得知。津田氏則留意老子習用之特殊表現形式，即逆說的表現。此一形式與思想內容有密切的關連，即以此形式，得以適切地表達思想的原型。如此，形式與內容一致，則可以毫無缺漏地掌握老子固有的思想及原本的文辭。就此觀點而言，老子的章句本來即是極短的斷片。其內容亦「非有組成的形式，或定式的學說；其根抵只是一個主張或思考方式，偶而由口說出之警句的集積而已。」

武內氏亦着眼於老子固有思想的探討，其脫離先人的注釋，以自由的立場解釋之，並作成精善的原文，進而發現老子特殊的文體。即老子原文爲韻文。武內氏以爲「今本道德經之編纂以前，非寫竹帛者，乃口耳相傳者，爲了口誦之便，經常使用韻文。」（「老子之研究」上、一四二頁）進而以文體區別新舊，將新的部份（無韻者）刪除。再比對先秦道家思想的發展，其判斷爲後學之思想者，亦排除之。其遺留者，再檢證莊子天下篇所述之老聃學說。如此檢尋，老子書之眞正形式蓋可得之。

津田氏和武內氏在探究老子本來形式應該如何上，並無差異，且皆着眼於老子的文體。唯一者以爲是「逆說的表現」，一者是「韻文」。津田氏認同老子文體的特色是韻文頗多；唯何以韻文的部份即是原文，其明確的根據何在。雖武內氏所說之「口誦之便，常用韻文」，既已答覆，但津田氏並不以爲然。津田氏認爲：「具備特殊表現的形式，其以無韻之句而組成者，亦未必是散文。故所謂有韻和無韻，就形式而言，並非是主要的問題。」（「老子的研究」，七一三頁）蓋津田氏或認同於武內氏之有韻說；唯其以爲就形式所作的思想性的探究，武內氏的思慮則有欠周詳。亦即，武內氏所持有韻即是原本的說法，其能滿足津田氏者，並非只是「口誦之便」的原因而已；若必須以韻文表現，老子思想的奧秘亦非一併說明不可。武內氏於如此形式的意義，確實並未作進一步的追求。

津田氏又批評武內氏所作老子原文校訂之事。其以爲「中國學者」往往嘗試從同一文字、同一辭語將散見各處的章句整合連綴。如此，於老子原文之理解，或許有所偏差。如以三十二章之「譬道之在天下猶川谷之與江海」，宜接續在六十六章「江海所以能爲百谷王者」之下。諸如此類，藉類似語句重新組合老子篇章之作法，誠忽略了此類辭語文字所表達的思想或有差異。

津田氏所謂的「中國學者」，乃指馬叙倫。而武內氏「老子之研究」所採取的研究方法即因襲馬氏的作法。探究津田批判的着眼點，蓋以文字雖類似；或各有特殊的思想，故其於老子全書所佔的位置，自宜重視之。此一批判當然未必完全正確，蓋文辭形式之意義探究，津田氏的批評過於嚴苛，故武內氏的研究方法一無可取，却也未必。畢竟，韓非子喻老篇、管子心術上篇的文體，即給予武內氏的析義極爲確當的證據。再者，津田氏所指出的「思想或有差異」，是否確實如此，一時仍甚難判斷。是故，武內氏對於津田氏所作的批判，概無答辯。至於何以故，則不可知。武內氏於往後的述作，如「論語之研究」（昭和十四，一九三九年），明顯地於思想的把握，已有大幅地進展，然其基本的方法仍然沒有改變。至於老子的研究，武內氏於昭和十三（一九三八）年所作的老子（岩波書局出版），其校訂的基本方針，亦與「老子之研究」無異。

就研究方法而言，武內、津田氏皆從內在、外在的研究，到「文體」的探討。雖對於老子文體之見解有異，主張亦大異趣；然則二人始終無相互攻訐之事發生。即便津田氏對後世之研究者，提出「脫離中國考證學者的思考方式」，武内氏亦無異議提出。⑲

六

細究武内、津田氏之道家思想研究，其於今日之意義：第一、確立各種研究方法。第二、由此產生層次甚高，且豐碩之研究成果。二人之著作發表以來，既經半世紀多，學界之研究，依然由二人的研究出發。如以老子書的研究而言，武内、津田氏二人的方法論固然有甚大的差異；至於老子思想約在孟子前後，成書則在戰國末期的結論，大致相同。此見解仍爲今日所承襲。又如莊子書的研究，武内氏於莊子之版本流傳的說明，今日仍通行。其以内篇爲中心而把握莊子思想的主張，津田氏未必完全認同；就外雜篇而言，武内氏所提出之禮樂仁義的否定，折衷學派登場等說法，大抵和津田氏所叙述的諸論點一致。進而言之，武内氏之齊物論篇有前、後半的區別、惠施篇之存在的確定；津田氏以爲齊物論篇之論旨與當時巧辯之說不同，性論之解明、先秦之學與其後學之差異等，皆二人的創見，亦適用於今日之通說。雖然如此，就今日而言，二人的研究當然有可議之處。如津田氏之過於武斷的的看法，如司馬遷論、藝文志論、宗教觀等，都有很大的疑問。又原本可以從整體作評價的記言式的文章，其過於強調語句解體的分析，以致忽略老子思想的原型，此一研究上的偏差，足有可議者。再者，老子原爲未必存在的假想人物，其過份強調文體的特殊性，則老子書果眞由一人所作的設想，又頗爲可疑。至於武內氏的硏究，其竭盡心血於老子的硏究，固可推崇；實則就道家的思想而言，列子、關尹、楊朱等人之定位，則不可不反省，又由老子以至莊子之道家思想的傳承體系，亦有探究的必要。

雖然二人的成果有可議者，今日學界仍由武內、津田氏的硏究爲起點。畢竟二人各自以內在、外在的方法，完成其著作。後之硏究者一旦從事道家思想的硏究，則非參考二人的著作不可。如文獻考證方面，列子、呂氏春秋、管子書中，有關道家部份的硏究；思想方面，道家之宗教性格、生死觀、自然觀，其思想發生與習俗攸關之根源探討等，二人的硏究，固然可以作補遺、反省批判的地方；但今日之硏究始終未有超越二人者。

末了，再探討津田所提及多重價値判斷之處理方式的問題。玆舉一二例以說明之。其一，「喪我」（齊物論）被認爲是莊子思想的代表之一，津田氏以爲此乃「空言」，其以爲此一心境與實際生活有何關連，誠無法說明清楚，蓋此一心境不過是理想的提出，並非體驗而得的。其二，一般人總以爲道家的思想是超越世俗的。津田氏以爲此一超越世俗的思想，「並非自我超越，足以傲視昂揚的灑脫；不過是渺小人生、卑下自我之超越現實人生、現實自我的境界歸向而已。故仰慕之情或虔敬之念是無由而生，畢竟，僅是一種大言莊語罷了。」（「道家之思想及其展開」，頁六八四）

此關於「喪我」、「超越世俗」的見解，當然有議論的餘地。然則，較議論更爲重要的是，津田氏對於事象逐一考察，然後給予價値判斷之一貫思想的意義所在。換言之，古典新義之探究的意義。蓋古典並非無條件地在時間經過後，必然地有價値存在；而是津田氏以自己的思想，對事象逐一批判，然後集中所有的判斷，嘗試給予最後的價值判斷。津田氏此一研究態度，反映了學問研究，特別是古典之研究，本來應有的基本態度。蓋學問並非單單是技術性的東西；若研究的對象是思想家，且努力於特徵之歸納，進而發現其思想宗旨的話，則必須不斷地探究古典，尋繹答案，竭盡心力於本質特徵的追求。此乃研究者窮究學問的基本精神。津田氏之「道家之思想及其展開」寫成於昭和（一九二六〜一九八八）初期，其在與今日，甚且與當時即相差懸殊的思想狀況下，以特殊的思想作論述，雖未必完全通用於今日，然其確實地探求古典研究、思想史研究之原貌的態度，且終始一貫的精神，或其書爲不朽的原因所在。若此一評論成立，對於於此一精神逐漸模糊，却從事技術化專門分化研究的後學而言，津田氏所遺留的「心應有之事」的內容是必須具備的精神。亦即徹底地探求問題點的原貌，是學問研究的必須修養，而欲超越津田氏之研究，或亦由此爲起點。⑳

【附　註】

① 內藤湖南「邦人（日本人）讀書之弊習、附漢學之門徑」（內藤湖南全集二、筑摩書房）。文中所有敬稱一概省略。（譯者注：武內義雄爲町田三郎先生之師）

② 關於武內義雄之研究，足資參考者：金谷治「誼卿武內義雄先生之學問」（懷德三十七號）、同「武內義雄先生之學問」（文化二十四卷四號）。

關於津田左右吉之研究，可參考者：上田正昭「津田史學的本質及課題」（日本歷史講座八）、家永三郎「津田左右吉之學問及思想」（思想四五二號）。合論內藤湖南和津田左右吉者，增淵龍夫「歷史意識及國際感覺」（思想四五二、四六八號）。

③ 青木正兒全集（春秋社）二，所收。題目改爲「漢文直讀法」。

④ 見神田喜一郎「敦煌學五十年」頁二一八。

⑤ 見津田左右吉「學究生活五十年」（思想三一九號）。

⑥ 同右。

⑦ 同右。

⑧ 同右。

⑨ 大正十五（一九二六）年六月二十日日記。（津田左右吉全集二七所收）

⑩ 武內義雄「學究生活之回憶」（思想三七五號、文化二一。卷六號共收有之）。

⑪ 武內義雄「老子之研究」初版序。

⑫ 同書上卷一四二頁。

⑬ 同書下卷八一頁。

⑭ 同書上卷一四四頁。

⑮ 武內義雄「老子及莊子」一三二頁。

⑯ 昭和二（一九二七）年五月十四日日記。（全集二七所收）

⑰ 昭和二年九月十六日日記。（同上）

⑱ 前田利謙「莊子」（宗教的人間所收、昭和四年發行），此書蓋異於武內、津田之研究方法，即從第三種途徑作摸索。至於有何成果，正當評價之得，蓋在二次大戰後，乃有明確的定位。

⑲ 津田氏對清朝考證學的見解，詳載於「關於中國學的意見」（全集二一所收）。大抵而言，津田氏以爲考證學蓋拘泥於文字之考證而疏於思想之處理。如考證學者於思想之「社會心理的，或歷史的研究」，概置之不論，乃此一方法論的界限。

⑳ 關於武內義雄考證學的意義，亦頗值得探究。待後日再以專題討論之。

（後記）町田三郎先生原文於東北大學教養紀要十五號（一九七二年二月）發表。

附錄一

呂氏春秋解說

町田三郎 撰
連 清吉 譯

一、秦始皇與呂不韋

西元前三世紀，即以全中國爲戰場，而擾攘動亂的戰國時代末期，「呂氏春秋」編纂完成，流傳天下。對於當時的時勢，是書有始覽有如下的記載：

今周室既滅，而天子已絕。亂莫大於無天子。無天子則彊者勝弱，衆者暴寡。以兵相殘，不得休息，今之世當之矣。（謹聽篇）

誠然地，「當今之時，世闇甚矣。」（開春論、期賢篇）基於對現狀社會不安的認識，「呂氏春秋」即有期望新統治者出現的主張。

西元二二一年，秦始皇統一中國。此年乃始皇即位以來之第二十六年。史記始皇本紀記載著幷呑六國的次第。十七年得韓王安，十九年得趙王遷，二十二年魏王假請降，同年捕虜荊王負芻，二十五年得燕王喜，二十六年得齊王建，六國平安，「秦初并天下」，完成統一。然則，軍事上固然勝利了，而政治上，又要如何遂行其措施於廣大的領土上呢？畢竟未曾有人支配過如此遼濶的世界。當然，也沒有任何政治結構可以參考依據。因此，舉凡鉅細措施，皆需逐一創制。為避免重蹈周王朝因封建而瓦解的覆轍，一切設想皆以皇帝為中心，而設計出連動性質的郡縣制。而皇帝具有無限支配的權利。名曰「支配體制」。此一政治體制，在往後的二千年間仍持續使用。

統一之年，史記始皇本紀有此節：

秦每破諸侯，寫放其宮室，作之咸陽北阪上，南臨渭，自雍門以東至涇、渭、殿屋複道，周閣相屬。所得諸侯美人鐘鼓，以充入之。

記載著咸陽街道的土木工藝、宮殿樓閣的種種裝飾。凡此皆秦破諸國時有計劃的移植搬入，模造極具精巧。不久，阿房宮的大事營造，此離宮的建構及繁多色彩鮮明的器物，乃是召集全國之人，強制性地驅使工人手造而成的。至於高樓之中，則有被強迫的，來自諸侯各國之美女伴同埋入其中。另外，更積極製造造型優美的土俑，即近年發掘出土物界的重大話題，秦始皇東陵中，無數的兵馬俑。總之，秦始皇統一了中國的軍政，自然地，在建立最高權位中心時，便考慮了中央集權制度。影響所及，文化藝術方面，自然是以都城為中心，而所有萬事的傳達，也以咸陽為中心如放射狀的發送到全國各地。咸陽都城即秉持著此一原則建造地。

事實上，秦始皇的此一作為，在二十多年前的宰相呂不韋曾經考慮過。因此，可以說秦始皇是一方面繼承，一方面大規模地展開呂不韋的構想。

戰國末期，魏信陵君、楚春申君、趙平原、齊孟嘗君等名聲知聞天下的戰國四公子。彼等廣招天下才能之士，各擁有何止千百士人門客，因此，以主客堅固地結合而矜誇。主人有足夠的魅力召集衆多的門客，從而擁有極高的名聲；另外一方面，多數的門客都具備著一般甚至超卓的能力，此則意味著主人擁有極大的社會勢力。因此，四公子即擁有優越的名聲及絕大的社會勢力。

秦相呂不韋以爲自身雖有秦國強大國力作背景，而名聲、社會勢力却不及四公子，乃深以爲恥，故銳意於優遇賓客，極盡其能將賢能之士招致至秦。或許是重金禮聘的緣故，不久，其門下客竟有三千人之多。不用說，便形成擁有各式各樣技藝之門客的集團。此一情形亦如孟嘗君之門客，所謂鷄鳴狗盜者有之，才能卓越者亦有之。呂不韋則更進一步地選擇其中學問才識優異的上客，將各自所知聞的事情記錄下來。共達二十萬言。呂不韋乃將此一資料編輯成書，以爲「備天地萬物古今之事」，名曰「呂氏春秋」。意謂「呂不韋一家之記錄集」。書成之後，更懸掛在咸陽城門，公告說：能改正、指摘其缺誤者，賞賜千金。當然沒有人響應，呂不韋也自鳴得意。是時約在西元前二四〇年左右，始皇帝（秦王政）即位的初期。

以上是就所見史記呂不韋傳，約略地叙述「呂氏春秋」成立的由來。其主要的著眼點是呂不韋爲對抗中原諸國，提高秦國的國力和文化，而有計劃的招集賓客；進而刊行長篇鉅著。當「呂氏春秋」問世時，秦國的形象如呂不韋所預期的，有相當程度的提升。就經世家而言，呂不韋優越的成就，宜有極高的評價。

到底呂不韋是怎樣的人物呢？比較詳細地記載其行狀、傳記的是戰國策秦策五、史記卷二十五呂不韋列傳。茲以史記的記述爲主，綜觀其生平。呂不韋是河南陽翟的商人，至於經營何種生意就不得而知了。或許是以鐵的販賣爲主，而活躍於國際的商人。又由於其頗熱心於政治，或許又可以稱之爲政商。所以，其即居住在當時鐵生產的中心地，趙的都城邯鄲。是時，秦公子子楚（嗣後爲秦莊襄王，即秦始皇之父）入質於趙，而住在邯鄲。在偶然的機會，呂不韋和子楚結識，呂不韋以爲「奇貨可居」，以爲子楚是絕佳的投機對象，乃審愼的計劃謀略。供給子楚大量的金錢，作爲與名士交際的資金，以謀取社交界的名聲。由於一擲千金和周詳的處置，子楚的評價理應不會始終是不好的。（「子楚，秦諸庶孽孫，質於諸侯，車乘進用不饒，居處困，不得意。」）①果然，不久之後，秦國也風聞子楚的名聲。本來子楚是秦衆多公子中的一人而已，自從入質趙國以來，秦國已忘記其存在了。然而由於子楚一旦在國外聞名，國內立即重新注目，從而召喚他回國。這當然是呂不韋強烈推銷子楚的結果。尤其是對於當然最具影響力的秦昭襄王的太子妃，華陽夫人的極力奉承。因而華陽夫人乃推薦子楚成爲秦的正嗣，繼而正式繼承王位。

在此以前，呂不韋遵照子楚的期望，獻上自已的寵姬，此女爲呂不韋家善舞者，且已懷有身孕。昭襄王四十八年（西元前二五九年）正月，始皇帝政出生，因爲是正月生，故名政（正）。昭襄王死，孝文王即位，子楚爲皇太子。孝文王在位僅三日，遽死；皇太子子楚即位，是爲莊襄王。邯鄲街道所見知的「奇貨」，果眞登上一國之君的王位。當終居功者，呂不韋也不會始終是政商，現今則是了不起的秦國宰相。莊襄王在位三年，死，政即位，是爲始皇帝，時西元前二四七年，政十三歲。呂不韋受尊爲「仲父」，持續其「文信侯」的封號、十萬戶的封邑，仍爲相國，總理朝政。

由於秦王政年幼，呂不韋即總攬大權，統率百官，加以領有十萬戶的封邑，其勢如日中天，富可敵國。因此，呂氏一家所使用之人達萬人，食客三千。而「呂氏春秋」的完成，即是由此時期的賓客完成的。

據史記呂不韋傳所載，曾經是呂不韋的寵姬，而今是秦王政的母太后。二人再續前緣。只是呂不韋畏懼事跡露敗，乃由嫪毐溝通消息。嫪毐僞稱是宦官而與太后接近。不料却得到太后的寵愛，而生下二子。從此，嫪毐專擅，擁有極大的權勢，百官無不向這位年輕的寵兒低頭。只是這種狀態並不持久，結局也意外的短促。

秦王政九年，往舊都雍行成人之冠禮，由嫪毐留守都城咸陽。嫪毐企圖造反，興兵攻擊雍城。消息迅速地傳至雍城，秦王政立即出兵平亂，逮捕嫪毐，偕同一干造反者皆處梟首車裂的極刑。其實所謂嫪毐之亂，不免存疑，或許一切都是始皇帝所設下的圈套。此一事件影響所及，呂不韋也失勢了，而太后、呂不韋、嫪毐三人的關係完全被暴露出來。十年十月，呂不韋免相，遣往河南的封地。翌年追討其罪，流放蜀地，呂不韋畏罪自殺。此時西元前二三六年。呂不韋的賓客一概放逐，外國人驅遣國外，秦國人則流配蜀地。大力整頓的結果，呂不韋所誇耀的三千賓客之龐大集團，極爲脆弱的崩壞，而始皇帝眞正的目的終於達成了。

以上是史記以呂不韋爲主所寫的傳記。確實呂不韋的一生充滿著奇幻的色彩，而最後遭到悲慘死亡的命運，亦頗意外。然則此一記載，大抵是正確的，只是其中有一、二處尙需補足者。其一，此傳所述始皇帝爲呂不韋之子一節，戰國策及史記始皇本紀並無記載。這樣的情形看來，只限於帝王有關事項的記述，本紀的結構是正確的。而呂不韋傳則沒有超過俗說的範圍，似乎也有道理。其二，呂不韋傳的行狀，不免超過史書記實的本位，而有些言過其實。畢竟由一介商人到大國宰相的種種經歷過程的記敘，頗能引人入勝。然則過多的以軼事傳聞爲主，雖有趣味性，而實像的理解就有些困難了。不過，如果一開始就用異樣的眼光來看呂不韋，恐怕又沒有這個必要，畢竟史記是一本好書，而有關呂不韋的記載，司馬遷只是少許的過實，這是在研究呂不韋生平時需抱持審愼的態度的。

二、呂氏春秋的內容

戰國末期的思想界，所謂諸子百家爭鳴，思想家自由奔放，極端自我主張的時期暫時告一段落；繼之而起的是沈潛集約的新思潮之摸索時代。政治情況亦然。如孟子之時，中國由分裂，諸國國力橫列平衡之安定期，邁入明顯地東西齊、秦二強國之對峙，爲求統一，而將中原諸國捲入戰爭之激動時代。綜觀整個局勢，漸漸地由分裂、個我走向統一、總合。「呂氏春秋」正是此一時期，這種思潮下的產物。

「呂氏春秋」百六十篇，由十二紀、八覽，六論三部分所組成的。有關此書成書的情形，頗有議論存在。筆者以爲十二紀首先成立，八覽、六論則是附加的遺補之作。畢竟「呂氏春秋」是以十二紀爲主，八覽、六論爲輔的。在十二紀末尾，如後序的序意篇有：

維秦八年，歲在涒灘，秋甲子朔。朔之日，良人請問十二紀。文信侯曰嘗得學黃帝之所以誨顓頊矣，爰有大圜在上，大矩在下，汝能法之，爲民父母。蓋聞古之清世，是法天地。十二紀者，所以紀治亂存亡也，所以知壽夭吉凶也。上揆之天，下驗之地，中審之人。若此，則是非、可不可無所遁矣。」②

敘述其成書的由來。此所謂「秦八年」並非始皇即位的第八年；而是莊襄王滅周王室之第八年，則是始皇六年，西元前二四一年。如果不是這一年，則不合「歲在涒灘」，歲星在甲的位置（孫星衍說）。此時，正是呂不韋爲相國，統領百官，位極尊貴的時刻。也在此時，招集全國賓客，編輯完成這部「呂氏春秋」。

史記太史公自序所說：「不韋遷蜀，世傳呂覽」。「呂覽」是以「八覽」爲主的情形，而對「呂氏春秋」所作的稱呼。因此，八覽被理解成呂不韋流放蜀地以後編輯行世的。其實呂不韋並未入蜀；是流配到蜀地的他的門客所編輯。如此說來，八覽是始皇十一年以後完成的。另外，從八覽特殊的形式來看。在八覽第一覽，有始覽的七篇中，每篇篇末都有「解在……」之文。而這「解在」的一部份文字，又和第二「孝行覽」至第八「恃君覽」，以及「六論」中的「開春論」到「士容論」有特別的關連。如此看來，「有始覽」相當於「經說」，「孝行覽」以下則是七篇解說，經和解形成一組的形式；另外一、二解說則分散在「六論」中。這樣的結合，就八覽、六論來說，是以「有始覽」爲經，爲中心，其餘則是解說及補遺的形式。由於「解在……」的形式，十二紀中完全沒有，則多少意味著十二紀和八覽、六論本來就是分別刊行的。③

其次，就八覽、六論的內容來看。「審分覽」愼勢篇中，有說明「封建論」一節。認爲封建制度是良好的政治體制，並不是一個特別問題的說明。但是，這在秦國却有眞正的意味存在。封建論與郡縣論有對立的爭論存在。政治體制的激烈爭辯，是在始皇二十六年統一中國，三十四年郡縣制再確認的時期展開的。因爲愼勢篇所說的「封建論」在始皇初年是沒有意義的，任誰也不會這樣思考的。直到二十六年統一後，雖斷然決行郡縣制；但內在封建制度的擁立依然振奮其詞。所以，到了三十四年，才又重提政治體制的問題，而在公開場合激烈的辯論。或許在這種狀況下，保全性命的呂不韋的門下，才得以將主張封建制度的議論收載下來。如此說來，八覽、六論的編輯，是在始皇統一以後。至少此中的一部份是在此一時期完成的。

「呂氏春秋」成書的次序爲：「秦八年」所完成的十二紀，是第一次編輯。入蜀以後，八覽的草成；統一以後完成八覽、六論的補遺，則是第二次編輯。此後，十二紀、八覽、六論的合輯，如今日所流傳的形式，則是第三次的編輯。

「呂氏春秋」的中心，十二紀的內容到底是什麼，有何主張呢？

漢書藝文志將呂氏春秋列爲子部雜家。所謂雜家，是綜合混雜有儒家、道家、法家等思想。的確，呂氏春秋含雜有各家的思想。例如禮樂的提出，很明顯是儒家的思想。無爲、養生說是道家的主張。陰陽之氣的重視是墨家的持論。另外還有用兵之道，農業理論等等，無異是一部百科全書。無怪乎呂不韋有「備天地萬物古今之事」的豪語。

然而雜家的著作，如果只是照原樣的雜多過錄，就一點意義也沒有。呂氏春秋的十二紀是經過整合的工夫，根據統合的中心思想，將多樣的資料，納入其系統中。十二紀即用當時最新的「時令」的思想，將各家主張融貫其中。換言之，是以「時令」爲主導，將自然界、人間世的諸事象統一結合。自來人的生存方式，無論是道德的規範，或是天道的依循，經過此一具體的結合，行爲的指向判然清晰。更進一步地說，以時令的觀念，把一年春夏秋冬四季，劃分成十二個月。再以每個月的天文氣候等自然狀態，規定人的日常生活，從而說明人的行爲指向。換言之，以自然的天道對應人的行爲，而後清晰地引導正當的生活方式。這就是呂氏春秋十二紀的體裁，也是其思想體系。在十二紀中，各紀之首爲時令，說明當月的自然特徵和人事如何對應之道。其後則有相稱的人、事、敎、訓四義，具體地指出實踐的方針。茲以仲秋紀仲秋八月之文爲例說明之。

仲秋之月，日在角，昏牽牛中，旦觜嶲中。其日庚辛，其帝少皥，其神蓐收，其蟲毛，其音商，律中南呂，其數九，其味辛，其臭腥，其祀門，祭先肝。涼風生，候鴈來，玄鳥歸，群鳥養羞。天子居總章太廟，乘戎路，駕白駱，載白旂，衣白衣，服白玉。食麻與犬。其器廉以深。是月也，養衰老，授几杖，行麋粥飲食。乃命司服具飭，衣裳文繡有常，制有小大，度有短長，衣

> 服有量，必循其故，冠帶有常。命有司申嚴百刑，斬殺必當，無或枉撓，枉撓不當，反受其殃。是月也，乃命宰祝巡行犧牲，視全具，案芻豢，瞻肥瘠，察物色。必比數量小大，視長短皆中度，五者備當上帝，其次次饗。天子乃儺，禦佐疾以通秋氣。以犬嘗麻，先祭寢廟。是月也，可以築城郭，建都邑，穿竇窌，修囷倉。乃命有司趣民收斂，務蓄菜，多積聚。乃勸種麥，無或失時，行罪無疑。是月也，日夜分，雷乃始收聲，蟄蟲俯戶。殺氣浸盛，陽氣日衰。水始涸，日夜分，則一度量，平權衡，正鈞石，齊升角。是月也，易關市，來商旅，入貨賄，以便民事。四方來雜，遠鄉皆至，則財物不匱。上無乏用，百事乃遂。凡舉大事，無逆天數，必順其時，乃因其數。行之是令，白露降三旬。仲秋行春令，則秋雨不降，草木生榮，國乃有大恐。行夏令，則其國旱，蟄蟲不藏，五穀復生。行冬令，則風災數起，收雷先行，草木早死。

此「時令」的叙述，首先以太陽及南中歲星等五行的種種對應說起。其次是時節的叙述，其及對應諸事：天子的居處、衣服、食物的決定；養老措施及行政上宜注意的事項；秋祭的準備；土木營造；以及爲謀求來年生活上的安定，而做的各種指示。凡此大事皆順應天道，而以「是月也」該如何如何的諄諄告誡爲說。最後又指出，若違反此一時令，將會有各種災厄降臨的警告。這就是「時令」的文體，十二個月的任何一個月的記述，皆按造這個體系逐一說明的。

「時令」之後，有人、事、教、訓四段文章接續。正好是自然現象下所應有的人事經論，確立了人的各種行動定向。每一紀皆如此排列，正是自然和人事相結合的哲學。例如孟春一月。此月天的氣下降，地的氣上騰，是生物萌動的時節，而所對應的人事是：根據萬物始生的現象，人有生存務本的全生說（本務篇）。欲望適度給予滿足的陳述（重己篇）。另外，個人本位主義的反面，天下和合公平的主張（貴公篇）；由此延伸的個人私心之祛除的說明（去私篇）。則是自然天道與人間生活方式相對應的主張。

由十二紀之文章結構及思想體系的說明看來，「呂氏春秋」固然雜多；但是由於「時令」思想的導入，形成一個統合完整的架構。則「呂氏春秋」的整合工夫，着實超越了雜多的成份，而有其特徵存在。

三、「不二篇」的思想及其他

「審分覽」不二篇的開頭便說：「聽群衆人議以治國，國危無日矣。」其後則舉戰國諸子的主張作例證，加以說明：

老聃貴柔，孔子貴仁，墨子貴廉，關尹貴清，子列子貴虛，孫臏貴勢，王廖貴先，陽生貴己，田駢貴齊，兒良貴後。

十人各具特色，所以「能齊萬不同，愚智工拙，皆盡力竭能，如出乎一穴者，其唯聖人矣乎。」此不二篇結尾之文，意謂只有聖人能把各種不同層次的人結合起來，共同竭盡所能，貢獻心力。戰國以來的思想家所寫的批評文章相當多，如莊子天下篇、荀子非十二子篇等。荀子非十二子篇舉出墨子、宋鈃、惠施以迄子思、孟子等十二人，而批評這十二人都混亂了是非善惡的基準。唯一正確的是繼承堯、舜、孔子、子弓道統的荀子。至於自己以外的學說都有缺陷。莊子的批評情形亦然。所以，一味地排他，而以爲自身學說才是正統的主張，似乎是當時的一般現象。

然而時代前移，學問的普及，學術交流與思想激盪的結果，能夠再決斷地自認爲只有自己的學說才是正確的嗎？眞誠的反省之後，也考慮如何以自己的主張爲中心，再吸收他人的意見。這樣的結果，在主張自己是正確的同時，也有某種程度地承認他人是對的。更有甚者，不但沒有排他性，反而兼容並蓄，將別人的所長，吸收消化成爲自己的創見。「呂氏春秋」之編輯完成，就是所謂的惟「聖人」才能做到的事。而不二篇的論調，很明顯地就是指向這點，亦即兼蓄名家優點而成爲自己的收穫。一般而言，先秦諸子是一家之學的專攻；而秦漢以後的學者則是諸家兼修。不二篇即反映了一家專研推移到諸家兼修之當代學術思潮的先聲。

對音樂特別的關懷，也是「呂氏春秋」的重要課題。在仲夏紀和季夏紀的八篇文章。仲夏紀的大樂、侈樂、適音、古樂；季夏紀的音律、音初、制樂、明理等，其內容全部都和音樂有關。然則爲什麼特別是夏季的仲夏、季夏和音樂攸關呢？或許是在孟夏紀專論勸學、尊師等學問之事後，繼之記述以實踐爲主的音樂吧！至於音樂，在這個時代，除了自然之音以外的音樂，都用所創造出來的樂器來傳達。儘管現代人未必有同感；然則當時人對人爲音樂都擁有很大的興趣，甚至有很多的感受，影響深遠。畢竟禮樂在古代即已成熟，且甚受重視；到了此時，更受到提倡，而擴大到社會各階層。如此看來，呂氏春秋才會收集這八篇有關音樂的記錄，而成爲非常可貴的資料。

同樣有資料保存價値的，在六論最末的「上農、任地、辨土、審時」等四篇有關農事的文章。這或許是稷下農家許行所著書的一部份，乃今日遺存最古的農書。

以上是就十二紀、八覽、六論三部份做很普泛的考察。至於「呂氏春秋」的一貫主題，則是「士」的問題探討。如士人如何侍奉君主，在書中的「故事」④有提及。而士的生命完全掌握在君主手中的情形，却也提出質問，如伯夷、叔齊和介子推的故事。只是尙在摸索階段，士人的倫理，未被肯定的提出。

一般而言，「呂氏春秋」並沒有強烈的自我意識。這是因爲編輯者旨在網羅當時所有的傳說、故事和學說。換句話說，只具有取捨整理常識的意義，而無獨創性。雖然如此，其內容究也非常廣博。不久之後，以「博學」爲學問之基礎的學術思潮成立了。那麼，很明顯地，「呂氏春秋」內容廣博的特徵，則是中國此一學術傳承的先驅。

最早爲「呂氏春秋」作注的是後漢的高誘。高註至今依然是最具代表性的。高注本傳至日本是在平安時代，載見於藤原佐世的「日本國見在書目錄」。在校勘方面，則以清代畢沅之經訓堂本較爲精詳。日本的研究，則以江戶時代荻生徂徠的「讀呂氏春秋」和蒲坂青莊的「呂氏春秋補正」較有可讀性。近年來，許維遹的「呂氏春秋集釋」，是搜集前人的注釋，作簡要的說明。而陳奇猷的「呂氏春秋校釋」，校勘極精，注釋清晰，較諸注釋者爲佳。本書⑤在文字脫誤缺謬的訂正，頗根據「校釋」的說法。

【附註】

① 此史記呂不韋傳文字，原作無，爲使子楚的處境清楚看出，譯者添加者。

② 「嘗得學」以下文字，原作無，爲使原作「敍述其成書的由來」清晰明白，譯者增添者。

③ 「有始覽」諸篇篇末「解在」與其餘諸覽、六論的關連，可由務本、論大篇之「解在」高誘注「見務大論」看出其端倪。而翻檢覽、論，其前後呼應之關係，更可以清晰地看見，如名類篇「史墨來而輟，不襲衛，趙簡子可謂知動靜」，詳見於恃君覽召類篇。去尤篇「秦墨者之相妒也」，詳見於先識覽去宥篇。聽言篇「白圭之非惠子也」，詳見於審應覽不屈、應言篇。「公孫龍之說燕昭文王以偃兵」，詳見於審應覽應言、審應篇。「及應空洛之遇也。孔穿之議公孫龍、翟翦之難惠子之法」，詳見於審應覽淫辭篇。謹聽篇「勝書之說周公，可謂能聽矣」，詳見審應覽精論篇。「齊桓公見小臣稷」，詳見愼大覽下賢篇。務本篇之「鄭君之問，被瞻之義也」，詳見士容論務大篇。「薄疑應衞嗣君以無重稅」，詳見審應覽審應篇。諭大篇之「薄疑說衞嗣君以王術、杜赫說周昭文君以安天下」，並詳見於士容論務大篇。「匡章之難惠子以王齊王」，詳見於開春論愛類篇。此「解在」關係之一，乃就十二紀所無之特殊文體形式說。又「封建論」的主張，及其與時代背景之考察，則覽、論與十二紀別行的說法是可以成立的。而此現象，據町田先生說，是當時成書的一般現象，如老子分道、德經；墨子分經、辯，則又是佐證也。

按：原文無注，所有注，皆譯者所加。

④ 此處所說的故事，是指以人爲中心的歷史故事，軼聞傳說，及寓言等。

⑤ 本書是町田三郎先生以「呂氏春秋」十二紀的故事爲主，分成日文訓讀、語譯及注釋三部份，書之前有解說（即此文），介紹呂不韋其人、其書。相當於目錄學的提要，而作者的看法也在其中。如呂不韋與秦始皇的父子關係，只見於呂不韋傳；始皇本紀則無，可以看出司馬遷傳本紀與列傳的體例有異。至於「呂氏春秋」成書的經過，紀與覽、論別行。十二紀以「時命」爲中心而建立的思想體系。不二篇所反映之「先秦諸子是一家專攻；而秦漢以後學者則是諸家兼修」的學術思潮。仲夏、季夏紀之八篇樂記。士容論的四篇農書。士人階層之意識探討，而此一意識得以貫穿「呂氏春秋」全書。「呂氏春秋」內容廣博的特徵，乃開中國學術思想着重「博學爲學問之基礎」的先聲。以上諸端之提出，是要旨所在，也是作者的見解所在。

附錄二

韓非子寓言之一考察

町田三郎 撰
連　清吉 譯

一

「韓非子」五十五篇，就文章的形式而言，可分爲三部份：

A：初見秦篇第一～大體篇第二十九

B：內儲說上七術篇第三十～難四篇第三十九

C：難勢篇第四十～制分篇第五十五

要而言之，B爲寓言體的論辯；A和C是議論文。亦即，寓言體的部份居中，前後各有一部份議論文，而組成「韓非子」一書。茲考察「韓非子」的寓言，B部份的內、外儲說及難篇固然是寓言；然則廣泛地探究「韓非子」全書，A和C的部份未嘗無寓言的載見。如A的「說林」上、下篇幾乎通篇是寓言，「十過」則首揭條目，其次以相當於寓言的叙述接續。至於C的「難勢」，乃以「愼子曰」的命題之批判和再批判的形式，展開議論。實則此一形式與B的「難四篇」的形式完全相符。是故B的寓言和A、C的諸篇有很深的關係。

二

B的「內儲說上、七術篇」記載著：

（經）主之所用也七術，所察也六微。七術、一曰衆端參觀、二曰必罰明威、三曰信賞盡能、四曰一聽責下、五曰疑詔詭使、六曰挾知而問、七曰倒言反事，此七者，主之所用也。

觀聽不參，則誠不聞。聽有門戶，則臣壅塞。其說在侏儒之夢見竈，哀公之稱莫衆而迷。

（解）衞靈公之時，彌子瑕有寵，專於衞國。侏儒有見公者曰：臣之夢賤矣。公曰：何夢。對曰：夢見竈，爲見公也。公怒曰：吾聞見人主者夢見日，奚爲見寡人而夢見竈。對曰：夫日兼燭天下，一物不能當也。人君兼燭一國，一人不能擁也。故將見人主者，夢見日。夫竈一人煬焉，則後人無從見矣。今或者一人有煬君者乎，則臣雖夢見竈，不亦可乎。

首揭的「七術」、「六微」，確實是法家政治權謀的「原則」。就全篇的形式而言，「七術」、「六微」猶如「經」；「觀聽不參」至「其說在……」等叙述，爲「小解題」；以下數章寓言，相當於「解」，用以解釋「經」義。進而言之，內、外儲說諸篇，其「經」的部份在叙述政治及法術的重要思想。「解」的部份，則以歷史故事或傳說的寓言體，補充「小解題」之「其說在……」的叙述；進而發揮「經」的大義。換言之，內、外儲說的寓言，乃以經和解的形式，明確地說明法家的術數思想。

亦即以完整的寓言形式表達法家思想。

A的部份，如說林篇，雖亦有連章寓言，然而其意圖所在，則未甚明確。如：

溫人之周，周不納客。問之曰：客邪。對曰：主人。問其巷人而不知也，吏因囚之。君使人問之曰：子非周人也，而自謂非客，何也。對曰：臣少也誦詩曰：普天之下，莫非王土，率土之濱，莫非王臣。今君、天子，則我天子之臣也，豈有爲人之臣而又爲之客哉，故曰主人也。君使出之。（說林上）

紹績昧醉而亡其裘。宋君曰：醉足以亡裘乎。對曰：桀以醉亡天下，而康誥曰：毋彝酒者，彝酒、常酒也。常酒者，天子失天下，匹夫失其身。（說林上）

文辭雋永有趣，或說林篇通篇如此；唯寓言的旨趣爲何，則不甚明晰。既收載於「韓非子」書中，所有篇章自當可作爲證明法、術之有效性的資料；然而說林篇於此要旨，則付諸闕如。又亡徵篇所載：

凡人主之國小而家大，權輕而臣重者，可亡也。簡法禁而務謀慮，荒封內而恃交援者，可亡也。群臣爲學，門子好辯，商賈外積，小民右仗者，可亡也。好宮室臺榭陂池，事車服器玩好，罷露百姓，煎靡貨財者，可亡也。用時日事鬼神，信卜筮而好祭祀者，可亡也。聽以爵不待參驗，用一人爲門戶者，可亡也。官職可以重求，爵祿可以貨得者，可亡也。……

此篇「……者，可亡也」者，凡四十七條。若參考十過篇的記述，亡徵篇「可亡也」之下，或有具體說明「可亡」的故事或寓言；或者但記述「可亡」的事理；而無適切對應的寓言。茲考察十過篇的敘述：

（經）十過，一曰行小忠則大忠之賊也。二曰顧小利則大利之賊也。三曰行僻自用，無禮者，則亡身之至也。……十曰國小無禮，不用諫臣，則絕世之勢也。

（解）奚謂小忠，昔者楚共王與晉厲公戰於鄢陵。楚師敗，而共王傷其目。酣戰之時，司馬子反渴而求飲，豎穀陽操觴酒而進之。子反曰：嘻，退，酒也。穀陽曰：非酒也。子反受而飲之，子反之爲人也，嗜酒而甘之，弗能絕於口，而醉。戰既罷，共王欲復戰，令人召司馬子反，司馬子反辭以心疾。共王駕而自往，入其幄中，聞酒臭而還。曰：今日之戰，不穀親傷，所恃者司馬也，而司馬又醉如此，是亡楚國之社稷，而不恤吾衆也，不穀無復戰矣。於是還師而去，斬司馬子反以爲大戮。故豎穀陽之進酒不以讐子反也，其心忠愛之而適足以殺之。故曰行小忠則大忠之賊也。

此寓言很明確地在說明「行小忠則大忠之賊也」。若「行小忠則大忠之賊也」的叙述爲「經」，則此寓言即是訓解「經義」的「解」。然而此篇的「經」、「解」和說林篇相同，對於「韓非子」之爲「法家」的書，其有何特殊意義的存在，則甚難說明清楚。亦即僅是一般政治訓誡的叙述而已，並非思想家不比尋常的經典之作。進而言之，此一般性的政治訓誡，是戰國末期任何思想家都能提出來的。「行小忠則大忠之賊也」又見於飾邪篇。飾邪篇之篇旨在「賞罰敬信」，前述之寓言，即爲此篇旨之例證。寓言之末尾結論，即「行小忠則大忠之賊也」，唯此意義與「賞罰敬信」之旨未必相符。

是故，有寓言採擇引用未竟適切之虞。

綜上所述，「韓非子」之寓言的引用，首先，說林篇的寓言，以文辭雋永有趣爲尙，或一時暫且的蒐集。其次，飾邪篇之寓言，則作爲篇旨引申義的例證，唯二者未必吻合。即屬於未成熟引用的階段。亡徵篇於諸「可亡也」之後，或各有具體的故事插入而今未見。十過篇「經」、「解」形式的組成，則寓言之「解」與篇旨之「經」有較緊密的關聯。唯此處之寓言是以一般的政治訓誡爲主。至於和氏璧、彌子瑕之寓言①，乃是「法術之士」之孤獨，或臣下卑弱之吐訴，蓋有秀逸之緻，與十過篇之寓言固有差異。故通貫「韓非子」全書，其寓言之形式及內容皆適切妥貼者，即在內、外儲說六篇的寓言。然而探究其形成的軌迹，「韓非子」的寓言，乃從A部份發展至B部份，亦即由A之未齊備適切的寓言展開，逐漸增益而成B之完整的寓言。至於B部份之寓言形式及內容爲何，或可以難一篇至難四篇說明之。

（A）景公過晏子曰：子宮小近市，請徙子家豫章之圃。晏子再拜而辭曰：且嬰家貧，待市食，而朝暮趨之，不可以遠。景公笑曰：子家習市，識貴賤乎。是時景公繁於刑。晏子對曰：踊貴而屨賤。景公曰：何故。對曰：刑多也。景公造然變色曰：寡人其暴乎。於是損刑五。

（B）或曰：晏子之貴踊，非其誠也，欲便辭以止多刑也，此不察治之患。夫刑當無多，不當無少，無以不當聞，而以太多說，無術之患也。敗軍之誅，以千百數，猶北不止，即治亂之刑，如恐不勝，而姦尙不盡，今晏子不察其當否，而以太多爲說，不亦妄乎。夫惜草茅者耗禾穗，惠盜

賊者傷良民，今緩刑罰行寬惠，是利姦邪而害善人也。此非所以爲治也。（難二）

難一至難三篇之文章形式，庶幾如右舉之例。首揭儒家之政治主張的寓言，次以「或曰」，即某法家的理論推翻前說。故就文章形式而言，則非「經」、「解」關係的存在；而是「A」至「非A」的累進化寓言。此類之最顯著的例證，見於難四篇。

（A）魯陽虎欲攻三桓，不剋而奔齊。景公禮之。鮑文子諫曰：不可，陽虎有寵於季氏，而欲伐於季孫，貪其富也。今君富於季孫，而齊大於魯，陽虎所以盡詐也。景公乃囚陽虎。

（B）或曰：千金之家，其子不仁。人之急利甚也。桓公、五伯之上也，爭國而殺其兄，其利大也。臣主之間，非兄弟之親也，劫殺之功，制萬乘而享大利，則群臣孰非陽虎也。事以微巧成，以疏拙敗。群臣之未起難也，其備未具也。群臣皆陽虎之心而君上不知，是微而巧也。陽虎貪於天下以欲攻上，是疏而拙也。必使景公加誅於拙虎，是鮑文子之說反也。臣之忠詐，在君所行也，君明而嚴，則群臣忠，君懦而闇，則群臣詐。知微之謂明，無赦之謂嚴。不知齊之巧臣，而誅魯之成亂，不亦妄乎。

（C）或曰：仁貪不同心。故公子目夷辭宋，而楚商臣弒父。鄭去疾予弟，而魯桓弒兄。五伯兼并，而以桓律人。則是皆無貞廉也。且君明而嚴，則群臣忠。陽虎爲亂於魯，不成而走入齊，而不誅，是承爲亂也。君明則誅，知陽虎之可以濟亂也。此見微之情也。語曰：諸侯以國爲親。君嚴則陽虎之罪不可失，此無赦之實也。則誅陽虎，所以使群臣忠也。未知齊之巧臣，而廢明亂之罰，責於未然，而不誅昭昭之罪，此則妄矣。今誅魯之罪亂，以威群臣之有姦心者，而可以得季孟叔孩之親。鮑文之說，何以爲反。

難四篇之文章結構爲：

A：寓言（前提）。

B：或曰（非A）。

C：或曰（非B）

C之「或曰」蓋否定B「或曰」之說，同時更就A寓言之立場，以法家之理論補述之，甚且加以肯定。亦即以累進化寓言的形式，展開其深刻化內容、高層次理論的論辯。由此可知，難一至難四篇的文章結構與A部份說林篇至$B_1$②部份之內、外儲說的形式迥異。後者爲「經」與「解」的組成；前者則嘗試以累進化寓言，推展其高層次化之內容。換言之，某主題經過二重否定而轉化成法家思想。亦可謂之爲以批判的方式繼承傳統思想。

茲細繹難篇及C部份諸篇的文章形式。如前所述，難四篇之結構與難一至難三篇的有異。姑謂難四篇爲B_2。此B_2之形式却與C部份之難勢篇的論證形式一致。難勢篇是以批判愼到之勢說展開論旨的。其形式爲：

A：愼子曰。

B：應愼子曰。

C：復應之曰。

和難四篇「A寓言、B或曰、C或曰」之形式幾乎無異。難勢篇之C「復應之曰」的論旨亦與難四篇之C相同，以累進化的方式推演更高層次的議論。亦即韓非超越愼到的勢說，而提出自己所主張的勢說。

綜觀「韓非子」全書寓言的形式，B_2與C部份的寓言同爲累進化的形式；A和B的寓言則爲「經」、「解」的形式。可明顯地區分爲兩個類型。③

三

「韓非子」一書的寓言，可依文章形式而明顯地區分爲二，究竟有何意義？茲檢尋史記「韓非列傳」：

韓非者，韓之諸公子也。喜刑名法術之學，而其歸本於黃老。……故作孤憤、五蠹、內、外儲說、說林、說難，十餘萬言。

人或傳其書至秦，秦王見孤憤、五蠹之書，曰：嗟乎，寡人得見此人，與之游，死不恨矣。

據司馬遷所載，漢初所流傳之「韓非子」，即包含說林、內、外儲說等篇在內，如今本所見十餘萬言之書。即使在秦始皇之時，就史記所載見，至少也有孤憤、五蠹等篇流傳於世。

今本載記諸篇，其爲韓非之主要撰述者，在A部份中，蓋以孤憤爲主，其餘尙有說難、和氏、姦劫弑臣等篇。C部份則有五蠹、顯學、難勢諸篇。而間隔A和C者，則是內、外儲說及難四篇之寓言或論難。至於A、C之分別，則非僅全書類別區分組成之編輯用心及二部份諸篇之寓言的形式和作用的不同而已，其內容亦有甚大的差異。A之孤憤及其他主要篇章（如前述者），乃不受重用，爲世所孤立之「法術之士」的憤懣之言，即反覆申論破除重臣的障蔽，君臣乃能相得之主張。至於「法術之士」究竟以何思想和政策對應於當代社會及政治，則付諸闕如。換言之，僅是擅長運用法、術和權勢的人，所預攝的前提，其目的在權位的汲求。即竭盡所能地反覆要請有司之登用，以求用於世。

C部份之五蠹、顯學、難勢等篇則非如此。C之諸篇蓋於法思想之提出。即如何超越申不害、愼到、商鞅等前代法家之說，進而綜合各家之長，以提出適合當代之主張。換而言之，C部份爲法家思想史，即批判他學派之論集，而其中心則是韓非之新法家之學說。

綜上所述，A和B_1的部份，其形式及內容皆頗近似，其主題則是「法術之士」致力於政治參與的請求。B_2和C部份的主題，是新法家超越前代法家思想，所提出的理論。進而言之，今本「韓非子」有前半爲實踐，後半爲理論的兩個核心。比喩言之，原本有二人，以各添加合適之衣裝而成今貌。故今本「韓非子」，或以韓非撰述篇章爲主，其後，凡與秦攸關之諸篇附加於前後而成現今所見定本。

四

就內容言，孤憤之激憤；五蠹、顯學、難勢之論理。就形式而言，前半有「經」、「解」的關係；

後半則以累進化推衍議論，二者判然分別。以內容、形式考察之，前半和後半確實有明顯的區別。然則二者何以有此明顯的區別？果眞是同一人的兩種表情，抑或傳承淵源相同的兩個人，則不免有些許的疑問。關於此點，或可作爲一個主題，詳細地研究。

【附註】

① 和氏璧之寓言，見於和氏篇；彌子瑕之寓言，見於說難、內儲說上七術、難勢篇。

② B_1爲內、外儲說諸篇。

③ 「韓非子」各篇歸納之情形：

A：初見秦第一～大體第二十九。

B_1：內儲說上七術第三十～外儲說右下第三十五。

B_2：難一第三十六～難四第三十九。

C：難勢第四十～制分第五十五。

（後記）原文爲町田三郎先生於九州大學、漢城大學第二次學術討論會（一九八九年七月、日本福岡）之口頭發表者。

莊子考

武內義雄 撰
連　清吉 譯

一、敍　說

陸德明莊子釋文叙錄所載莊子注本中，其篇卷著錄之可考知者有五：

㈠司馬彪注二十一卷五十二篇內篇七、外篇二十八、雜十四、解說三、音三卷

司馬彪，字紹統，河內人，晉秘書監。生平事蹟載見於晉書卷八十二本傳。其莊子注，隋書卷十六注「本二十一卷，今闕」。新、舊唐志亦著錄二十一卷，或隋末一度亡佚，唐復得足本，故有此載記。日本見在書目錄①記此書爲二十卷。或彪注本二十卷，新、舊唐志及釋文所記加篇目一卷而成二十一卷本；或見在書目錄脫「一」字。今不可考。

㈡孟氏注十八卷五十二篇

孟氏未知爲何人。隋志引梁志謂孟氏注十八卷，附錄一卷。隋、唐以後未記此書。釋文未引此書，

蓋亡佚既久，陸氏未及見也。然陸氏釋文敍錄謂「漢書藝文志莊子五十二篇，即司馬彪孟氏所注是也」。則孟氏所本或與司馬彪注本。又根據呂氏春秋必已篇注：「莊子名周，宋之蒙人也。……著書五十二篇，名之曰莊子」之文，自漢迄晉，莊子書皆爲五十二篇，其內篇七、外篇二十八、雜篇十四、解說三之形式似已形成。

㈢崔譔注十卷二十七篇（內篇七、外篇二十）

崔譔，清河人，晉議郎。其莊子注隋志不載，新、舊唐志有之。蓋隋時失傳，唐時復出。

㈣向秀注二十卷二十六篇（一作二十七篇、一作二十八篇、亦無雜篇、音三卷）

向秀，字子期，河內人。晉散騎常侍，生平事蹟見載於晉書卷四十九本傳。其注莊子事見於世說新語文學篇注：「秀游託數賢，蕭屑卒歲，都無注述，唯好莊子，聊應崔譔所注以備遺忘。」指出向本乃本於崔注。釋文於異同之記載時，多崔、向本並用。試以人間世篇檢尋之：

其易（向崔云輕易也）　絕迹易無（向崔皆以無字屬下句）　氣息（向本作諳器崔本作譓篹）　顏闔（向崔本作廬）　則速（向崔本作數）　仰而（向崔本作從而）

皆可證向本之沿襲崔本也。至於釋文注向注二十六篇，加記「一作二十七篇，一作二十八篇」者，蓋內篇七、多篇二十、敍目一以成二十八篇之數；二十七篇者，則不計敍目一篇之數。再者，世說新語文學篇所記：

向秀於舊注外爲解義，妙析奇致，大暢玄風。唯秋水、至樂二篇，未竟而秀卒。

似可徵二十六篇者，乃包含欲注而未完畢之篇。若然，則崔注與向注之版本相同，注亦相似，唯向秀於崔注未盡明晰者，加詳解釋之而已矣。

㈤郭象注三十三卷三十三篇（內篇七、外篇十五、雜篇十一、音三卷）

郭象，字子玄，河內人。生平事蹟載見於晉書四十九卷本傳。其注莊子事記於世說新語文學篇：「郭象者爲人薄行有儁才。見秀義不傳於世，遂竊以爲己注，乃自注秋水、至樂二篇，又易馬蹄一篇。其餘衆篇，或定點文句而已。後秀義別出，故今有向、郭二莊，其義一也。」郭注本、梁錄、日本見在書目錄、陸氏釋文並作三十三篇。隋志爲三十卷、目一卷。新、舊唐志則爲十卷。按今本郭注皆爲十卷三十三篇。舊鈔本殘卷（高山寺本、今存庚桑楚、外物、寓言、讓王、說劍、漁父、天下七篇七卷）爲一篇一卷，乃六朝舊本之流傳者。今十卷本，或後人改作，非郭象舊本。試檢尋今本郭注，讓王篇之注僅三條、盜跖篇三條、說劍篇無注、漁父篇僅一條，且其注未符合於全書注例。或此四篇之郭注於隋唐之際既已闕佚，後人據他注本補入者也。

以上五家注本，僅郭注本存於今，其異同未足以詳知，僅以三種版本之篇卷差異列之於后：

	內	外	雜	解說	計
㈠司馬彪孟氏本	七	二八	一四	三	五二
㈡崔譔向秀本	七	二〇			二七
㈢郭象本	七	二五	一一		三三

右三種版本中，㈠爲漢以來之舊本，㈡爲晉之刪定本，㈢則以㈡爲底本並參酌㈠之新定本。

二、郭象本和向秀本

世說新語文學篇謂郭象莊子注乃剽竊向秀注，晉書郭象傳亦如是記載。然而錢遵王讀書敏求記云：

予覽陸氏釋文，引向註者非一處，秀向有別本行世，時代遼遠，傳聞異詞，恐未必信然也。

於世說、晉書之記載頗存疑。蓋釋文以異文異解爲主眼，摘取向、郭相異注文，批駁世說與晉書之說。此一着眼不免流於疏略。至於四庫提要比較列子注所引向、郭注文，指出郭象「竊據向書，點定文句者，殆非無證」，則是穩當之說。茲檢尋列子張湛注，其引述向秀莊子注者凡五章。其中列子黃帝篇引述應帝王「鄭有神巫」、達生「痀僂丈人」者，四庫提要已詳論焉，不復贅述。茲比較考究其他三章於后：

㈠莊子人間世「汝不知夫養虎者乎」一百零六字，又見於列子黃帝篇。今比較郭象和張湛注：

郭注：恐其因有殺心而遂怒也。

張注：恐因殺心致怒作也。

二注文大同小異，豈郭象之襲向秀注者乎：

郭注：方使虎自齧分之，則用力而怒矣。

張注：恐因其用力致怒作也。

郭注：知其所以怒而順之。

張湛引向秀注曰：達其心之所以怒而順之也。

此郭象剽竊向秀注之明證。

郭注：僕僕然群著馬。

此注之莊子原文，列子書未引，故張湛無注。然釋文引向注曰：「僕僕然，蚉蝱緣馬稠概之貌。」蓋義同象注，或郭注之襲向注者。

(二)莊子達生篇列子問關尹子二百四十二字，列子黃帝篇與之同。其向、郭二注之關係得以考知。

郭注：其心虛故能御群實。

張注未引向注而引郭注。或向秀無注，或郭象未取向注而自注其說。

郭注：至適故無不可耳，非物往可之。

張湛引向注曰：天下樂推而不厭，非吾之自高，故不慓者也。

此郭象沿襲向秀注之明證。

郭注：唯無心者獨遠耳。

張湛所引向注與郭注全同，爲郭象竊向秀注之明證。

郭注：同是形色之物耳，未足以相先也。

張湛引向注曰：同是形色之物耳，未足以相先也，以相先者唯自然也。

是郭象襲向注而省去末八字。

郭注：醉故其所知耳，非自然無心者也。

張湛所引向注與郭注同，但無「心」下之「者」而已。是郭象竊向注之明證。

郭注：不闚性分之外曰藏。

張注引郭注，是郭象於向注外所加之注也。

此外，張注中有向秀注「遇而不恐也」、「得全於天者，自然無心委順至理」二條，爲郭注所無，或郭象刪除向注也。

㈢莊子達生篇顏淵問仲尼百五十五字，列子黃帝篇亦有之。

郭注：言物雖有性，亦須數習而後能耳。

張湛引向注曰：其數自能也，言其道數必能不懼也。

郭注：沒人謂鶩沒於水底。

向、郭之義異也。

張湛引向注曰：能矜沒之人也。

此郭象未襲向注者也。

郭注：所要愈重則心愈矜也。

張注所引郭象注與此同，此未襲向注者也。

以上所列舉者與四庫提要所論者一幷觀之，郭象或竊向注，或自注、大體而言，郭注乃襲向秀注者。又世說新語注引向子期、郭子玄逍遙義曰：

> 夫大鵬之上九萬里，尺鴳之起榆枋，小大雖差，各任其性，苟當其分，逍遙一也，然物之芸芸，同資有待，得其所待，然後逍遙一耳。唯聖人與物冥而循大變，爲能無待而常通，豈獨自通而已。又從有待者不失其所待，不失則同於大通矣。

今莊子郭象注僅：

> 夫小大雖殊，而放於自得之場，則物任其性，事稱其能，各當其分，逍遙一也。豈容勝負於其間哉。

而已。此郭注或刪省世說新語注所引之向秀義而成者。故世說新語及晉書所記者誠不容置疑也。又四庫全書提要：

> 秋水篇與道大蹇句，釋文云蹇、向、紀輦反。則此篇向亦有註。併世說所云象自秋水，至樂二篇者，尚未必實錄矣。

提要於世說新語所載「秋水、至樂二篇未竟而秀卒」之事頗有疑義。秋水篇釋文又有「纍、力罪反，向同」，故非僅「蹇」字而已，他處尚有向注之引錄者。然則此皆音訓，而未及義注。釋文敍錄有向秀注二十卷，音三卷之載記。則此處但引向秀之音訓而未及義注。若然，則世說新語之記事猶不誤。

郭象之竊襲向注之迹，非獨注文之變更，莊子原文之取捨亦有之。釋文於逍遙遊篇「聾者無以與乎鐘鼓之聲」句下，注向本作「盯者無以與乎眉目之好夫，刖者不自爲假文屨夫。」此郭象取捨向秀莊子注本原文之例。又達生篇痀僂丈人章，列子黃帝篇較郭注莊子本多：

大人曰汝逢衣徒也，亦何知問是乎，脩汝所以而後載言其上。

二十四字。張湛於「逢衣」下引向注一條。又列子天瑞篇「生物者不生，化物者不化」句，張湛注莊子亦有此言，且引向注一條。然郭本無此句。此皆向、郭不同之明證。又釋文所舉向、郭二本異文者甚多。故向、郭本之不同可以概見。

向、郭二注本不僅莊子原文有出入，其外、雜篇之區別及篇卷之分合亦有差異。據釋文敍錄所載，向秀注本有內、外篇而無雜篇，且其音注三卷亦止於內七篇和外二十篇而已。然而釋文中，向秀音、崔譔注之引用，又非限於內、外篇，亦有及於雜篇者也。此篇郭象本之雜篇含有向、崔本之屬於外篇者也。試以釋文中所引向、崔音注之外，雜篇名列於后：

外篇：駢拇、馬蹄、胠篋、在宥、天地、天運、繕性、秋水、至樂、達生、山木、知北遊。

雜篇：庚桑楚、徐無鬼、則陽、外物、寓言、盜跖、列禦寇、天下。

以上二十篇之數，適與釋文所謂崔譔本外篇二十之數符合。蓋向、崔本之外篇即此二十篇。亦即郭象本有外、雜篇之區別，乃異於向、崔本也。再者，上述諸篇之郭象注本之原文，是否皆具存於向、崔本。試以釋文及列子所載檢尋之。

在宥篇「世俗之人皆喜人之同乎己」以下二章，釋文無引崔、向。司馬注。此蓋郭象本舊雜篇之文附加於此篇者也。

秋水篇前半之同意連貫成篇；後半「夔憐蚿」以下，語意不相連屬。且前半篇引崔音者十七，向音者二；後半則無一引用。蓋崔、向本無後半篇，今有者，乃郭象取自雜篇也。

至樂篇「莊子之楚見空髑髏」以下之文，崔、向無音注。雖列子天瑞篇有此文字，亦無引向注。蓋崔、向本無此文，郭象取自雜篇而置之於此也。

達生篇凡十四章（據姚姬傳章義），引崔音者二，向音則無。列子黃帝篇有其中五章，張湛引向注者三章。（子列子問關尹章、仲尼適楚見佝僂者章、顏回問仲尼章）此篇之文與他篇重複者甚多，蓋崔、向本無之，而郭象移之至於此篇者也。

庚桑楚前半篇千五百餘字，文理連貫，自成篇章。後半「宇泰者發乎天光」以下，數短篇組合而成。釋文前半篇引向注凡二十七條，後半絕無引注。或向本僅止於前半篇。唯崔音之引證，全篇有之。蓋崔本全文具備，向秀刪除其後半，郭象復之而成今本。

天下篇之前半，釋文引崔、向音者多；後半「惠施多方，其書五車」以下則無一引注。列子仲尼篇之文與此篇後半頗相似，張湛亦無引向說。北齊書杜弼傳曰：「杜弼注莊子惠施篇」，或所謂莊子惠施篇即此後半篇也。又列子張湛注所引惠子之語，多自此出，則天下篇後半即惠施篇，蓋無疑也。若然，天下篇後半乃本於五十二篇所別出者也。向、崔固無音注，郭象或據司馬本而附記於天下篇之末尾也。

由以上所述，今所見郭象莊子注本，乃郭象據崔、向本而附益之，其增益者或爲崔、向所捨去之外、雜篇文字，即取材自司馬注本也。亦即郭象本乃以向秀本爲本，又取司馬本附益之。其每篇之次第分合固不從向本，向本之文亦有校改者也。郭象注雖多剽襲向注，向注無注者而自注者亦不少。

三、司馬彪本與郭象本

據釋文所載，司馬彪本有五十二篇，則郭象本三十三篇，乃不及其篇數之三分之二。以天下篇而言，乃取自於司馬本及崔、向本之二篇而成者也，其內容或爲司馬本原文之半而已。至於郭象所刪去之司馬彪佚篇之內容爲何，是否得以究知郭象去取之用意，高山寺本②莊子殘卷之天下篇末有如下之文：

> 夫學者尙以成性易知爲德，不以能政(攻)異端爲貴也。然莊子閎才命世，誠多英才偉詞，正言若反。故一曲之士，不能暢其弘旨，而妄竄奇說。若閼亦意循之首，尾(卮)言遊易(鳧)子胥之篇，凡諸巧雜，若此之類，十分有三，或牽之令近、或迂之令誕、或似山海經、或似（占）夢書、或出淮南、或辨形名、而參之高韻，龍蛇並御，且辭氣鄙背，竟無深澳，而徒難知以因(困)蒙，令沈滯失（乎）流，豈所求莊子之意哉。故略而不存，令(今)唯哉(裁)取其長達致全乎大體者，爲卅三篇者(焉)。太史公曰、莊子者名周，守(宋)蒙縣人也，曾爲周史，與魏惠、齊（宣）王、楚威王同時者也。

此文今本莊子不見且作者不詳。誤脫幾至不可句讀有之。玆以釋文叙錄所載：

> 莊生宏才命世，辭趣華深，正言若反，故莫能暢其弘致，後人增足，漸失其眞。故郭子玄云：

一曲之才，妄竄奇說，若閼奕意脩之首，危言遊鳧子胥之篇，凡諸巧雜，十分有三。漢書藝文志、莊子五十二篇，即司馬彪孟氏所注是也。言多詭誕，或似山海經，或似占夢書，故注者以意去取，其內篇衆家竝同，自餘或有外而無雜，唯子玄所注，特會莊生之旨，故爲世所貴。

相互對照，即知高山寺莊子殘卷之文乃郭象所作，其誤脫之字略得校正。據隋書經籍志載記，郭象注三十卷目一卷，此文蓋爲郭象注莊子之序。唯其中頗有謬誤者：

郭象序錄之文中，政異端之政是攻字之訛。閼亦，釋文作閼奕。困學紀聞所輯莊子佚文，有「閼奕之隸與殷翼之孫、過士之子相謀」（文選顏延年車駕幸京口侍遊蒜山詩注引之）一條。此蓋閼奕篇首之語，釋文作閼奕，似是。意循、釋文作意脩。循、脩古通用，尚書顧命「率循大卞」，古本爲「帥脩大弁」（七經孟子孝文）。周易履卦注「不脩所履」，釋文一本作循。繫辭損卦「德之脩也」，釋文馬融本作循。呂覽察今篇「循法以動」，一本作脩。莊子天地篇「循於道之謂備」，釋文或作脩。大宗師篇「以德爲循」，釋文本亦作脩。此循脩通用之證。尾言、釋文作危言。寓言篇寓言，重言、卮言並說，則危言、尾言並卮言之誤。遊易、釋文作遊鳧。困學紀聞所輯莊子佚文，有「游鳧問雄黃」（太平御覽引）一條。或游鳧篇篇首之語。茲從釋文作游鳧。夢書、釋文作占夢書。漢志雜占載黃帝長柳占夢十一卷、甘德占夢二十卷。作占夢書似是。且與上句山海經相對爲文，夢書之上脫一字或不疑。深澳宜作深奧。因蒙是困蒙之譌。失乎流之乎恐衍。令唯哉是今唯裁之譌。卅二篇者之者爲焉字之誤。守蒙縣人也之守爲宋字之訛。史記本傳作莊子者蒙人也，索隱引劉向別錄作宋之蒙人也。呂覽必己篇注莊子名周，宋之蒙人也。是其證也。齊王宜作齊宣王。史記本傳作與梁惠王、齊宣王同時，是其證也。

依高山寺本所載郭象莊子序，郭象刪去者，爲閼奕、意循、游鳧、卮言、子胥等，即內容類似山海經、占夢書、淮南子之篇章。

列子八篇與莊子重複者甚多。高似孫子略舉二書之文相同者，凡十七章。蓋高氏乃以今本莊子和列子比對者也，若世說新語言語篇所引之文：

海上之人好鷗者，每旦之海上，從鷗游，鷗之至者數百而不止。其父曰：吾聞鷗鳥從汝游，取來玩之。明日之海上，鷗舞而不下。

則不見於今本莊子，而列子黃帝篇有載。此或爲郭象刪去，列子書存之。是故，列子書所存莊子佚文蓋猶多。如周穆王篇之文似占夢書；湯問篇之文似山海經。參照郭象莊子序，則此類文蓋與子玄所刪除之莊子篇章一致也。

今本莊子與淮南子相同者甚多。然文選魏都賦注所引者：

尹需學御三年而無所得。夜夢受秋駕於其師。明日往朝其師，望而謂之曰：吾非獨愛道也，恐子之未可與也。

爲今本莊子所無；淮南子道應訓有之。由此推之，郭象刪定前之莊子與淮南子相同者猶更多。綜上所述，司馬彪本莊子之內容頗爲駁雜，郭象之刪定本，蓋可謂去其榛蕪而存其英華。

釋文載司馬彪本莊子，內篇七、外篇二十八、雜篇十四及解說三，計五十二篇。郭象本與之相較，則少外、雜篇十六，闕解說三篇。郭象莊子序文，但舉閼奕、意循、卮言、子胥等五篇佚篇名。此外，史記本傳記畏累虛篇，北齊書杜弼傳舉惠施篇之名，南史文學傳，何子朗撰莊周馬捶作敗冢賦，馬捶或亦莊子佚篇。文選李善注引淮南王莊子略要、淮南子莊子后解。蓋皆爲司馬彪莊子之篇名。至於淮南王莊子略要者（王應麟玉海作要略），文選江文通雜體詩注、謝靈運入華子岡詩注、陶淵明歸去來辭注、任彥昇齊晉陵文宣王行狀注並引之曰：

淮南王莊子略要曰：江海之士，山谷之人，輕天下細萬物而獨往者也。司馬彪曰：獨往任自然不復顧世。

茆泮林莊子司馬彪注輯本（梅瑞軒十種古逸書之一）附此於後，而謂未詳何書。然李善注引莊子略要，又有司馬彪注，則屬莊子逸篇無疑。清俞正燮以之爲司馬彪本之逸篇，而稱：

彪本五十二篇有淮南王略要，或淮南本入秘書讐校者。（癸巳存稿十二）

郭象莊子序文謂五十二篇本莊子中，似淮南子者多。又莊子書之分內、外篇與淮南王書有內、外相似，且莊子略要之名亦似淮南要略訓，如此，俞氏之說頗的當。所謂莊子后解者，文選張景陽七命注引之曰：

莊子曰：庚市子肩之毀玉也。淮南子莊子后解曰：庚市子、聖人無欲者也。人有爭財相鬥者，庚市子毀玉於其間而鬥者止。（困學紀聞卷十外作庚市子堅、今據胡刻文選）

沈欽韓漢書疏證以爲莊子后解爲淮南子外書之佚篇。實則李善先引莊子，後引后解，則后解非淮南子佚篇，似應屬司馬彪本莊子之解說者。若然，可爲俞氏想定之左證。解說三篇者，蓋淮南王門下士解釋莊子者也。

三篇解說之意略可知之，內、外、雜篇之據何而區分，則待考察之也。今本莊子乃郭象所定者，以其外、雜篇之區別與崔、向本有異，故莊子原本之分篇究竟，則不甚明晰。遍檢周秦漢初之書，其分內、外者非止一二。淮南子分內二十一篇，外三十三篇，是其一。淮南外書今不傳，據漢書顏師古注，內篇論道，外篇雜說，即前者爲主要著述；後者爲雜著之編輯。孟子內書七篇、外書四篇，是其二。趙岐題辭稱外書「其文不能弘深，似非孟子本眞，後世依放而託之者。」蓋其七篇爲孟子眞本，外書四篇則是後人依託者。晏子春秋分內、外篇，是其三。劉向叙錄謂其外二篇，或與內篇重復，文辭頗異；或不合經術，以免遺失，故輯而存之。由是觀之，莊子內外分篇之意，略可推知。蓋內篇是近於莊子之資料，莊子學說盡於是。外篇含莊子後學及與莊子相關之他學派之著作，其所說或祖述內篇；或與內篇相矛盾。其文辭亦頗多與內篇相重者。至於雜篇，以管子分經言、外言、雜言及晏子春秋雜篇例推之，蓋短章逸事雜取而成者。由是觀之，郭象本駢拇至在宥篇之前半，司馬彪本未必全在外篇。在宥篇末二章似宜屬雜篇。秋水上半篇固屬外篇，而下半連屬短章似宜列入雜篇。其他諸篇準此釐正，其外、雜之別自可明瞭。是故郭象本去蕪存菁者甚多；而其篇第殽亂者亦不少。

郭象本莊子非但外、雜篇有篇第區分不明者，內篇亦有文辭混殽者。灌頂（陳天嘉二年生 唐貞觀六年歿）筆錄隋僧智顗之說而成之摩訶止觀一書中，有引周弘政（周弘政當作周弘正，爲周彥倫之孫，陳之右僕射，隋志及日本見在書錄載周弘正撰莊子內篇講疏八卷）之釋三玄曰：

「莊子自然，約有無明玄。」荊溪（名湛然、唐睿宗景雲二年生，德宗建中二年歿）止觀輔行口訣釋之曰：

莊子內篇自然爲本。如云：「雨爲雲乎，雲爲雨乎，孰降施是」皆其自然。又言有無者，內篇明無，外篇明有，又內篇玄極之義，皆明有無。如云：「夫無形故無不形，無物故無不物，不物者能物物，不形者能形形，故形形物物者非形非物也，夫非形非物者，求之於形物，不亦惑乎。」以是而言，雖有雙非之言，亦似四句，而多在不形而形等，即有無也。又云：「有信有情，無爲無形」如此等例，其相非一，故知多是約有無明玄。

所引三條莊子內篇之文，最末者見於大宗師。最首「雨爲雲乎」等十二字爲外篇天運篇文，第二條「夫無形故無不形」等句今本不見。或輔行口訣所引莊子，郭象本所無。又其所引內篇之文，見於今本之外篇。如此，郭象本之內篇非司馬彪舊本之可能者一。又逍遙遊音義於「四子」二字下，注「司馬、李云：王倪、齧缺、被衣、許由。」按逍遙遊但記許由事，無王倪、齧缺、被衣三人之名。此三子之事見於齊物論和應帝王篇。以今本觀之，以四子爲王倪以下四人，不免唐突太甚。蓋司馬彪本莊子之逍遙遊記許由、肩吾事後，載王倪等三子問答於齊物論、應帝王篇。逍遙遊一篇之要旨，於「至人無己、神人無功，聖人無名」三句。其下，「堯讓天下於許由」一章，說明聖人無名。肩吾與連叔之問答，敘述神人無功。至人無己者，逍遙遊則無之。雖然，齊物論王倪之答齧缺，有「至人神矣」、「死生無變於己」句。應帝王篇首即承此而說明無己之義。由此觀之，「四子」之注乃司馬彪之獨見。此郭象本之內篇非司馬彪舊本之可能者二。

釋文齊物論「夫道未始有封」下，注曰：

崔云：齊物七章，此連上章，而班固說在外篇。

按今本與崔本同。而「班固說在外篇」，則此條在漢時莊子本之外篇。玆檢尋陸氏音義，「夫道未始有封」至「故曰辯者有不見也」一百十五字，陸氏但引崔音及李音，而未引司馬彪注，或司馬彪本與班固所見者同，此百十五字蓋在外篇，此郭象本內篇非司馬彪舊本之可能者三。又大宗師：夫藏舟於壑，

大塊載我以形，勞我以生，佚我以老，息我以死，故善吾生者乃所以善我死也。

藏山於澤，謂之固矣，然而夜半有力者負之而走，昧者不知也。

淮南子俶眞訓亦載之。而佚作逸，息作休，走作趨，昧者作寐者。且「逸我以死」之注：

莊子曰生乃徭役，死乃休息也，故曰休我以死。

高誘注所引莊子，今本無。「故曰」之下四字則是淮南之文。此類注例多見於呂氏春秋之注，如：

老子曰出生入死，故曰大失生本。呂覽情欲篇高誘注

「出生入死」是老子五十章之文，而「大失生本」則是呂覽文。又：

老子曰多藏厚亡，故曰愈危累。呂覽侈樂篇注

「多藏厚亡」是老子四十四章之文，而「愈危累」是呂覽之文。由是觀之，淮南子俶眞訓之注文，其上九字是莊子之文，「故曰」之下四字乃淮南子之文。然則今本莊子無上九字，「休我以死」雖有而

稍異。又檢尋列子張湛注，亦有「莊子曰生爲徭役，又曰死爲休息也」，「大塊載我以形，勞我以生，佚我以死，息我以死耳。」（列子天瑞篇注）按呂覽必己篇注曰：莊子著書五十二篇，則高誘所見本與司馬彪本同。列子張湛注，乃向、郭二注並引，或天瑞篇注所引莊子之文爲向秀本。若然，有關大宗師此節之文，作如下之推定，或非附會之言。

㈠高誘所見之莊子爲五十二篇本，淮南解說等三篇爲其末尾者也。「生乃徭役，死乃休息」爲內篇之文，「大塊載我以形」等四句爲解說。故淮南子注文，此九字乃莊子文之徵引，而「休我以死」則是淮南子之文。

㈡崔譔刪定莊子成二十七篇。或便於閱讀故，淮南解說之辭乃散入本文。向秀據崔本作注，乃誤認解說即是本文。張湛引向注，又以爲「生乃徭役」等句皆莊子本文。

㈢郭象取捨向秀莊子注本者，乃刪除其本文而留存其解說者，即郭象減去「生乃徭役」等語，僅存「夫大塊載我以形」等語。若然，郭象本之內篇非司馬彪舊本之可能者四。

陸氏釋文注有「崔本此下更有某某」等字，試舉二、三例，如齊物論「物固有所然，物固有所可，無物不然，無物不可」下，注：

崔本此下更有「可於可而不可於不可，不可於不可而可於可」。

又大宗師篇「武丁奄有天下，乘東維、騎箕尾，而比於列星」下，注：

崔本此下更有「其生無父母，死登遐三年而形遯，此言神之無能名者也」，凡廿三字。

又大宗師「成然寐，遽然覺」下，注：

向崔本此下更有「發然汗出」一句。

崔本所有之文，或解說之文羼入者也。以「成然寐，遽然覺」爲例，「發然汗出」或此六字之解說者也。若然，郭象象本之內篇非司馬彪舊本之可能者五。

於莊子外、雜篇，古來注家多以己意取捨，以故文多歧異。內篇存七，衆所皆同，陸氏釋文亦明記「其內篇衆家竝同」。然則此蓋大體而論者也。如上所述，今、舊本於內篇文字之異同，語句之出入亦或不少。其所以有出入異同者，舊本有外、雜篇之文移注內篇者，或解說之語散入本文。後之刪修者乃將移錄散入者削除殆盡，故今本和舊本有如斯之異同。

四、略要

綜上所述，條舉其要於后：

㈠漢志所載莊子五十二篇者，由內篇七、外篇二十八、雜篇十四、解說三組成者也。初爲淮南王門下所傳。後秘書校讐，內篇所輯近於莊子本義，外篇輯莊子後學之說及內篇複重而異者，雜篇雜載短章逸事。解說爲淮南門下之解莊之文。此司馬彪及孟氏所注之舊本。

㈡晉崔譔刪注五十二篇本成二十七篇。其七篇略襲司馬彪本，而間雜外、雜篇之文，或便於比照，散入解說之辭於內篇之中。其外篇二十，據陸氏釋文之援引而推測之，蓋爲駢拇、馬蹄、胠篋、在宥、天地、天運、繕性、秋水、至樂、達生、山木、知北遊、庚桑楚、徐無鬼、則陽、外物、寓言、盜跖、列禦寇、天下等二十篇。此即向秀注所本者。

㈢郭象所注三十三篇以向秀本爲主，另補入司馬彪本。即其內七篇全襲向秀本，故載錄有解說及複重之文，此與司馬彪本異。其外篇十五、雜篇十一中，天道、刻意、田子方、讓王、說劍、漁父等篇爲崔、向本所無。蓋郭象雖本崔、向注，亦取崔、向二家所删除之短章逸事而附益之。此部份或據司馬彪本而補足者也。

上述爲莊子五十二篇至三十三篇變遷之大略。今本莊子屢經修改，其間，或他篇之文混入本篇，或解說之辭誤衍，頗失其舊貌。今本莊子之難於通曉者，此或其主因也。茲欲闡明莊子學說，咀嚼漆園之英華，非先去其衍辭，正其錯簡，恢復莊子眞本之舊觀不可。然則司馬彪、崔、向諸本亡佚既久，欲知莊子眞本亦非易事。倖陸氏釋文存於今，莊子篇卷之變遷，以之而知其梗概，今本錯亂者，據此書而訂正，得以近似眞本之舊。試以陸氏釋文爲本，條舉校正今本誤衍錯簡之方：

㈠釋文中連引司馬彪音，而不注崔、向音者，大體爲崔、向本所删去之文。若一篇之中，崔、向音連引者與不引者並存之，則此或爲二篇之合成一篇者也。

㈡文理難通者，若與釋文對照，司馬彪注無之者，或可判爲解說之辭竄入者也。

㈢文詞重複，司馬彪有注者，則非解說之辭，或可認爲他篇之文羼入者也。

【附註】

① 日本國現在書目錄，藤原佐世奉敕撰，爲日本最早之漢籍目錄書。部門別類似隋書經籍志，分易、書、詩等四十九類，著錄書籍達千五百七十九部，一萬六千七百九十卷。

② 高山寺本，日本京都高尾高山寺所載莊子郭注舊鈔殘卷。現存雜篇之庚桑楚、外物、寓言、讓王、說劍、漁父、天下等篇。嚴靈峰老列莊三子集成補編，卷54.收之。狩野直喜所撰校勘記並收於後。

（後記）本文收載於武內義雄全集第六卷諸子篇一（岩波書局一九七九年刊行）。